▶ ▶ ▶ ▶ ▶

知识产权专业知识和实务（中级）

同步训练

李 进 / 主编

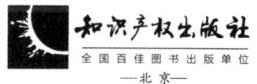
全国百佳图书出版单位
—北京—

图书在版编目（CIP）数据

知识产权专业知识和实务（中级）同步训练／李进主编．—北京：知识产权出版社，2021.8
ISBN 978－7－5130－7670－8

Ⅰ.①知… Ⅱ.①李… Ⅲ.①知识产权法—中国—资格考试—习题集 Ⅳ.①D923.4－44

中国版本图书馆 CIP 数据核字（2021）第 168588 号

内容提要

结合经济专业技术资格考试中级经济实务（知识产权）考试大纲，本书共分为 11 章，各章内容按照考试大纲要求掌握、熟悉、理解以及了解的知识点，进行系统性的练习，在同步训练部分包括单项选择题、多项选择题和案例分析题。本书主要适用于参加知识产权师职称考试（中级）的广大读者，同时也可以作为参加知识产权师职称考试（初级）学员的参考用书。

责任编辑：王玉茂	责任校对：王　岩
执行编辑：章鹿野	责任印制：刘译文
封面设计：博华创意·张冀	

知识产权专业知识和实务（中级）同步训练

李　进　主编

出版发行：知识产权出版社有限责任公司	网　　址：http://www.ipph.cn
社　　址：北京市海淀区气象路 50 号院	邮　　编：100081
责编电话：010－82000860 转 8541	责编邮箱：wangyumao@cnipr.com
发行电话：010－82000860 转 8101/8102	发行传真：010－82000893/82005070/82000270
印　　刷：三河市国英印务有限公司	经　　销：各大网上书店、新华书店及相关专业书店
开　　本：787mm×1092mm　1/16	印　　张：14.25
版　　次：2021 年 8 月第 1 版	印　　次：2021 年 8 月第 1 次印刷
字　　数：310 千字	定　　价：68.00 元
ISBN 978－7－5130－7670－8	

出版权专有　侵权必究
如有印装质量问题，本社负责调换。

编委会

主　　编：李　进

副 主 编：郎玉涛　魏　君

编写组成员：李　进　郎玉涛　魏　君　徐鸿雁　郭　金
　　　　　　蒋　群　赵　爽

编写分工：郎玉涛：第一章
　　　　　魏　君：第六章、第七章、第十章
　　　　　徐鸿雁：第八章、第九章
　　　　　郭　金：第二章、第三章
　　　　　蒋　群：第四章、第五章、第十一章
　　　　　赵　爽：校对
　　　　　李　进、郎玉涛、魏　君：统稿、审校

前　言

当今世界，经济全球化趋势不可逆转，知识、信息、人才的流动速度加快，推动了生产力要素全球化配置的进程。立足当前，世界国际舞台的角逐已演变为人才的竞争。加强知识产权教育，培养知识产权人才是提高知识产权的创造、运用、保护、管理和服务水平的前提和保障，是实施国家知识产权强国战略的重要基础。

人力资源和社会保障部于2019年印发了《关于深化经济专业人员职称制度改革的指导意见》，将知识产权专业的职称名称定为助理知识产权师、知识产权师、高级知识产权师、正高级知识产权师。2020年1月8日，《人力资源社会保障部关于印发经济专业技术资格规定》中明确提到"人力资源管理和知识产权专业分别颁发相应级别的人力资源管理师证书和知识产权师证书"，全面推行经济专业人员职称制度改革。

2020年是知识产权师职称考试的第一年，制约知识产权师培养最关键、最根本性的问题是缺乏对知识产权师知识体系深入研究，缺乏普适性、基础性和系统性的练习试题。基于此，编写组结合中国人事考试网公布的《经济专业技术资格考试 知识产权专业知识和实务（中级）考试大纲》编写本书。

本书主要适用于参加知识产权师职称考试（中级）的广大读者，同时也可以作为参加知识产权师职称考试（初级）读者的参考用书。全书分为11章，各章练习范围涵盖了考试大纲要求掌握、熟悉、理解以及了解的知识点。对于考试大纲中要求掌握和熟悉的重点知识点，相应增加了练习试题。各章同步练习部分包括单项选择题、多项选择题及部分案例分析题。本书的练习试题均按照考试要求的题型和答案设置进行编写，以供考生更好地熟悉考试形式与考试内容。同时，各章练习题数量的分配比例参考了知识产权专业知识和实务（中级）考试大纲中需要重点掌握的知识点。

参照2021年版全国经济专业技术资格考试大纲、相关教材及辅导书，本书主要由中国专利信息中心的全资子公司上海专信译腾信息科技有限公司的资深专家团队编写而成。参与试题编写的成员均拥有10年及以上知识产权行业从业经验和知识产权培训工作经验。同时，中国专利信息中心与中国知识产权研究会联合运维了"知识产权师之家"线上课程平台（http：//www.cipspx.com/），该平台汇集了全国知识产权领域的知名专家、学者，自2020年开始，每年参照最新的考试大纲定期发布知识产权师职称考试（初级、中级、高级）系列课程。该平台在线课程同时辅以试题训练，可帮助广大考生更好地复习备考。

时间仓促，书中如有疏漏之处，敬请广大考生批评指正，意见与建议请反馈至邮箱 chengzhiketang@sina.com。

知识产权师之家课程咨询电话：010-61073169

编委会

2021年6月

目 录

第一章　知识产权基础 ·· 1
　一、知识点 ·· 1
　二、同步练习 ·· 1
　　（一）单项选择题 ·· 1
　　（二）多项选择题 ·· 10

第二章　专利申请 ··· 16
　一、知识点 ·· 16
　二、同步练习 ·· 16
　　（一）单项选择题 ··· 16
　　（二）多项选择题 ··· 22
　　（三）案例分析 ··· 31

第三章　专利保护 ··· 38
　一、知识点 ·· 38
　二、同步练习 ·· 38
　　（一）单项选择题 ··· 38
　　（二）多项选择题 ··· 48
　　（三）案例分析 ··· 55

第四章　专利运用 ··· 59
　一、知识点 ·· 59
　二、同步练习 ·· 59
　　（一）单项选择题 ··· 59

（二）多项选择题 ·· 68

第五章　商标基础 ·· 81
　　一、知识点 ·· 81
　　二、同步练习 ·· 81
　　　　（一）单项选择题 ·· 81
　　　　（二）多项选择题 ·· 88

第六章　商标使用 ·· 100
　　一、知识点 ·· 100
　　二、同步练习 ·· 100
　　　　（一）单项选择题 ·· 100
　　　　（二）多项选择题 ·· 107

第七章　注册商标专用权的保护 ·· 117
　　一、知识点 ·· 117
　　二、同步练习 ·· 117
　　　　（一）单项选择题 ·· 117
　　　　（二）多项选择题 ·· 124
　　　　（三）案例分析 ·· 131

第八章　著作权 ·· 133
　　一、知识考点 ·· 133
　　二、同步练习 ·· 133
　　　　（一）单项选择题 ·· 133
　　　　（二）多项选择题 ·· 160
　　　　（三）案例分析 ·· 174

第九章　地理标志 ·· 176
　　一、知识点 ·· 176
　　二、同步练习 ·· 176
　　　　（一）单项选择题 ·· 176

（二）多项选择题 …………………………………………………… 184

第十章　商业秘密 ……………………………………………………… 188
　一、知识点 ………………………………………………………………… 188
　二、同步练习 ……………………………………………………………… 188
　　（一）单项选择题 …………………………………………………… 188
　　（二）多项选择题 …………………………………………………… 194
　　（三）案例分析 ……………………………………………………… 203

第十一章　其他类型的知识产权 ……………………………………… 206
　一、知识点 ………………………………………………………………… 206
　二、同步练习 ……………………………………………………………… 206
　　（一）单项选择题 …………………………………………………… 206
　　（二）多项选择题 …………………………………………………… 212
　　（三）案例分析 ……………………………………………………… 216

第一章 知识产权基础

一、知识点

掌握知识产权概念与知识产权的客体范围，了解习近平法治思想关于知识产权的主要论述和国家知识产权主要政策，区别知识产权的基本特征及其本质属性，了解知识产权相关法律，掌握知识产权的取得方式，熟悉侵犯知识产权的行为，熟悉知识产权民事保护的归责原则和承担方式，熟悉知识产权行政执法、行政裁决的立法规范、措施以及责任与承担方式，了解知识产权鉴定的技术事实认定作用，了解知识产权刑事保护的各种犯罪行为，掌握知识产权管理的概念与分类，熟悉主要知识产权管理标准的内容及异同，掌握建立知识产权管理体系的流程与方法，了解知识产权管理体系的完善与认证机制，理解知识产权运用的内涵与外延，掌握知识产权转让与许可的方式与程序，了解知识产权公共服务的内涵和外延以及发展现状，熟悉知识产权公共服务政策、体制机制以及相关标准，了解知识产权公共服务平台、产品、信息、人才等资源，了解国际知识产权制度的主要原则和主要知识产权国际保护条约，掌握对外贸易中的知识产权保护。

二、同步练习

（一）单项选择题

1. 知识产权是指公民、法人或其他组织对其智力劳动成果依法取得的（　　）权利，是一种（　　）的资产，受（　　）的保护。

   A. 垄断，无形，组织　　　　　　B. 专用，有形，政府

   C. 专有，无形，国家法律　　　　D. 专有，无形，主管机关

【答案】C

【解析】本题考查知识产权的性质与特征。《民法典》第 123 条规定，民事主体依法享有知识产权。知识产权是民事主体对其创造性的客体依法享有的专有权利。

2. 下列在《民法典》中未作出规定的知识产权是（　　）。

A. 植物新品种　　　B. 发明　　　C. 发现　　　D. 作品

【答案】C

【解析】本题考查知识产权的概念与范围。《民法典》第 123 条规定，民事主体依法享有知识产权。知识产权是权利人依法就下列客体享有的专有的权利：（1）作品；（2）发明、实用新型、外观设计；（3）商标；（4）地理标志；（5）商业秘密；（6）集成电路布图设计；（7）植物新品种；（8）法律规定的其他客体。

3. 下列关于知识产权的说法，错误的是（　　）。

A. 传统意义上的知识产权，包括著作权（含邻接权）、专利权、商标权

B. 1986 年《民法通则》颁布后，"知识产权"成为我国通行的称谓

C. 我国台湾地区将知识产权称为"智慧财产权"

D. 知识产权的客体是智力活动创造的成果

【答案】D

【解析】本题考查知识产权的概念与范围。知识产权是人们对于自己的智力活动创造的成果和经营管理活动中的标记、商誉依法享有的权利。知识产权的客体包括智力活动创造的成果和经营管理活动中的标记、商誉。

4. 下列说法错误的是（　　）。

A. 知识产权法是调整因知识产品而产生的各种社会关系的法律规范的总和

B. 从某种意义上说，知识产权实际上也是一种社会政策工具

C. 《商标法》开启了知识产权民事立法的本土实践之路

D. 知识产权需配合其他的公共政策联动才能实现国家经济与社会进步

【答案】C

【解析】本题考查知识产权的概念与范围。对一个国家来说，以什么样的标准和水平保护知识产权，是根据国家的经济、科技、文化的发展水平并且考虑未来的

社会发展需要所作出的一种制度安排和政策选择。从这个意义上说，知识产权实际上也是一种社会政策工具。从制度意义的角度看，知识产权法是调整因知识产品而产生的各种社会关系的法律规范的总和。知识产权在促进创新、推进经济发展方面的作用并不是由法律孤立来发挥的，而是需要配合其他的公共政策联动才能实现国家经济与社会进步。1986年颁布的《民法通则》将知识产权作为民事权利之一专门规定，开启了知识产权民事立法的本土实践之路。

5. 下列关于知识产权的性质与特征的说法，错误的是（　　）。

　A. 知识产权客体的非物质性决定了知识产权的无形性

　B. 知识产权的时间性反映了建立知识产权法律制度的社会需要

　C. 知识产权的地域性在信息网络技术时代仍然存在

　D. 知识产权的专有性意味着知识产权不能转让

【答案】D

【解析】本题考查知识产权的性质与特征。知识产权的专有性（又称排他性）有其独特的法律表现：（1）知识产权为权利人所独占，没有法律规定或未经权利人许可，任何人不得使用权利人的知识产品；（2）对同一项知识产品，不允许有两个或两个以上同一属性的知识产权并存。

6. 《国家知识产权战略纲要》是我国知识产权事业发展的纲领性文件，这一文件发布于（　　）。

　A. 2005年　　　B. 2006年　　　C. 2007年　　　D. 2008年

【答案】D

【解析】本题考查知识产权的制度体系。2008年6月5日，国务院印发了《国家知识产权战略纲要》，这标志着我国知识产权战略正式启动实施。

7. 下列关于知识产权取得的说法，错误的是（　　）。

　A. 在知识产品的生产、开发活动中，创作行为或发明创造行为在本质上属于事实行为

　B. 合同转让和继承是知识产权继受取得的主要方式

　C. 知识产权原始取得中国家机关的授权行为是一项行政法律行为

D. 国家机关的授权行为是知识产权原始取得的必经程序

【答案】D

【解析】本题考查知识产权的原始取得。知识产品的生产、开发活动中，创作行为或发明创造行为在本质上属于事实行为。知识产权继受取得的方式主要包括合同转让和继承。授权行为从性质上而言是一项行政法律行为。在某些知识产权的原始取得中，国家机关的授权行为是权利主体资格最终得以确认的必经程序，如专利权、商标权，不是所有知识产权的原始取得都需要经过国家机关的授权，如著作权和商业秘密权。

8. 我国知识产权保护的"双轨制"是指（　　）。

A. 行政保护与司法保护　　　B. 公力救济与私力救济

C. 立法保护与司法保护　　　D. 民事保护与行政保护

【答案】A

【解析】本题考查知识产权的保护模式。我国知识产权立法对知识产权保护采取了行政保护与司法保护的"双轨制"。

9. 《企业知识产权管理规范》主要提出了一种基于（　　）的企业知识产权管理模型。

A. 全面质量管理　　　　　　B. 绩效管理

C. 过程方法　　　　　　　　D. 以上都不对

【答案】C

【解析】本题考查知识产权的管理规范。《企业知识产权管理规范》规定了企业策划、实施、检查、改进知识产权管理体系的要求，这是一种基于过程方法的管理模型。

10. 我国已颁布实施的知识产权管理国家标准不包括（　　）。

A. 《军工单位知识产权管理规范》　　B. 《企业知识产权管理规范》

C. 《科研组织知识产权管理规范》　　D. 《高等学校知识产权管理规范》

【答案】A

【解析】本题考查知识产权的标准概述。我国颁布实施的知识产权管理国家标准有《企业知识产权管理规范》(GB/T 29490—2013)、《科研组织知识产权管理规范》(GB/T 33250—2016)和《高等学校知识产权管理规范》(GB/T 33251—2016)。

11. 《企业知识产权管理规范》中"资源管理"为（　　）。

A. 人力资源、财务资源、信息资源、市场资源

B. 人力资源、基础设施、财务资源、信息资源

C. 人力资源、基础设施、财务资源、市场资源

D. 人力资源、财务资源、信息资源、社会资源

【答案】B

【解析】本题考查企业知识产权管理规范。"资源管理"，规定了企业知识产权资源管理的要求，包括人力资源、基础设施、财务资源、信息资源的管理要求。

12. 《高等学校知识产权管理规范》规定高等学校知识产权基础管理的内容不包括（　　）。

A. 人力资源　　B. 财务资源　　C. 获取管理　　D. 资源保障

【答案】C

【解析】本题考查高等学校知识产权管理规范。"基础管理"，规定了高等学校知识产权基础管理的内容，包括人力资源、财务资源、资源保障、基础设施、信息资源等方面的管理要求。

13. 在专利许可合同中，许可人以"独家许可"的方式授权被许可人在合同约定的时间和地域范围内按合同约定的使用方式实施该专利。与此同时，许可人可以自行实施该专利，但不得再许可被许可人之外的第三人实施该专利。该专利许可是（　　）。

A. 普通许可　　B. 独占许可　　C. 排他许可　　D. 分许可

【答案】C

【解析】本题考查知识产权许可。知识产权排他许可是指通过签订知识产权排他许可合同的方式，许可人许可被许可人在一定条件下，并且在合同约定的时间和地域范围内，排他使用或实施其知识产权。许可人不得将其知识产权的使用权再授

予被许可人之外的第三人，但是许可人本人可以自行使用或实施其知识产权。

14. 甲公司就一项发明专利与乙公司签订了独占许可合同，在合同约定的范围内，甲公司（　　）该专利。

　　A. 不能实施　　　　　　　　　B. 可以实施
　　C. 可以部分实施　　　　　　　D. 甲公司与乙公司可共同实施

【答案】A

【解析】本题考查知识产权许可。独占许可是指专利权人许可他人在合同约定的地域、期限和方式的范围内实施其专利技术，且专利权人既不得另外再向第三方许可实施专利技术，也不得自行再实施该专利技术。

15. 下列关于知识产权公共服务的说法，错误的是（　　）。

　　A. 知识产权公共服务由政府主导
　　B. 知识产权公共服务主要解决的是市场失灵所引发的政府服务问题
　　C. 政府部门应充分发挥公共服务职能，有效地服务于市场和社会需求
　　D. 知识产权公共服务由政府提供

【答案】D

【解析】本题考查知识产权公共服务。目前，国内提供知识产权公共服务的主体既有政府部门（包括但不限于负责专利、商标事务的国家知识产权局、各地方知识产权局等），也有以政府部门为依托的事业单位（如专利信息中心等），还有一些行业协会，甚至是部分私营企业。

16. 《巴黎公约》的3项基本原则是（　　）。

　　A. 优选权原则、单一性原则、先申请制原则
　　B. 独立原则、单一性原则、优先权原则
　　C. 国民待遇原则、先申请制原则、独立原则
　　D. 国民待遇原则、优先权原则、共同遵守原则

【答案】D

【解析】本题考查《巴黎公约》。《巴黎公约》的3项基本原则是国民待遇原则、优先权原则、共同遵守原则。

17. 下列关于知识产权保护的国民待遇原则的说法，错误的是（　　）。

A. 国民待遇原则旨在实现其成员国知识产权法律规定的一致性

B. 国民待遇原则并不意味着只能给予其他缔约国国民"等同于"本国国民的待遇

C. 《巴黎公约》和《伯尔尼公约》都对国民待遇原则作了规定

D. 国民待遇原则与最惠国待遇原则都是针对外国人知识产权保护所设定的规则

【答案】A

【解析】本题考查国民待遇原则。缔约国可以根据本国经济发展的实际状况，给予其他缔约国国民高于本国国民的待遇。国民待遇原则并不意味着只能给予其他缔约国国民"等同于"本国国民的待遇。国民待遇原则既不要求各国法律的一致性，也不要求适用外国法的规定，只是要求每个国家在自己的领土范围内独立适用本国法律，不分外国人还是本国人而给予平等保护。《巴黎公约》第2条、第3条和《伯尔尼公约》第5条对国民待遇原则作了规定。国民待遇原则与最惠国待遇原则都是针对外国人知识产权保护所设定的规则，但两者有所不同。

18. 下列关于《巴黎公约》的说法，错误的是（　　）。

A. 确立了优先权原则

B. 规定了最惠国待遇

C. 规定了专利授权与保护独立原则

D. 知识产权领域第一个世界性的多边公约

【答案】B

【解析】本题考查《巴黎公约》。最惠国待遇原则是《与贸易有关的知识产权协定》独有而其他相关国际公约未予涉及的一项原则。

19. 知识产权领域第一个世界性的多边公约是（　　）。

A. 《建立世界知识产权组织公约》　　B. 《专利合作条约》

C. 《伯尔尼公约》　　D. 《巴黎公约》

【答案】D

【解析】本题考查《巴黎公约》。《巴黎公约》是知识产权领域第一个世界性的多边公约。

20. 下列选项中不属于专利国际条约的是（　　）。

A.《维也纳协定》　　B.《专利合作条约》

C.《海牙协定》　　D.《布达佩斯条约》

【答案】A

【解析】本题考查知识产权国际保护公约。除《巴黎公约》外，专利国际条约主要有《专利合作条约》《海牙协定》《布达佩斯条约》《斯特拉斯堡协定》。

21. 甲国国民在我国进行商标注册时要求优先权，为此必须符合下列条件的是（　　）。

A. 甲国为《马德里协定》的成员国

B. 甲国为《巴黎公约》的成员国

C. 甲国为《尼斯协定》的成员国

D. 甲国为《巴黎公约》《马德里协定》《尼斯协定》的成员国

【答案】B

【解析】本题考查商标国际条约。《巴黎公约》规定了成员国国民在成员国之间的商标注册申请的优先权问题。根据该公约，成员国国民自其第一次提出商标注册申请之日起6个月以内，在相同商品或服务范围内以相同的商标向其他成员国申请商标注册时，则其后一个商标注册申请日以第一次商标注册申请日为申请日。

22. 世界上第一个著作权国际公约是（　　）。

A.《罗马公约》

B.《世界版权公约》

C.《伯尔尼公约》

D.《世界知识产权表演和录音制品条约》

【答案】C

【解析】本题考查著作权国际条约。《伯尔尼公约》是世界上第一个著作权国际公约。《罗马公约》是世界上第一个保护邻接权的国际公约。

23. （　　）是《巴黎公约》建立知识产权国际协调机制以来，覆盖面最广且最具约束力的综合性知识产权条约。

A. 《专利合作条约》 B. 《马德里协定》

C. 《伯尔尼公约》 D. 《与贸易有关的知识产权协定》

【答案】D

【解析】本题考查《与贸易有关的知识产权协定》。《与贸易有关的知识产权协定》是《巴黎公约》建立知识产权国际协调机制以来,覆盖面最广且最具约束力的综合性知识产权条约。

24. 下列关于最低保护标准原则的说法,错误的是（　　）。

A. 最低保护标准原则是对国民待遇原则的重要补充

B. 最低保护标准原则是为了避免因制度差异而给国际协调带来的不利影响

C. 最低保护标准原则是《与贸易有关的知识产权协定》独有而其他相关国际公约未予涉及的一项原则

D. 最低保护标准原则旨在促使缔约方在知识产权保护水平方面统一标准

【答案】C

【解析】本题考查最低保护标准。最低保护标准原则在《伯尔尼公约》和《与贸易有关的知识产权协定》中均有体现。

25. 下列国际条约中,未对公共利益原则作明确宣示的是（　　）。

A. 《巴黎公约》 B. 《世界知识产权组织版权条约》

C. 《互联网条约》 D. 《与贸易有关的知识产权协定》

【答案】A

【解析】本题考查公共利益原则。《世界知识产权组织版权条约》《世界知识产权组织表演和录音制品条约》（简称《互联网条约》）《与贸易有关的知识产权协定》都对公共利益原则作了明确的宣示。《巴黎公约》和《伯尔尼公约》是通过知识产权限制的有关制度来体现公共利益原则的。

26. 下列关于《马德里协定》的说法,错误的是（　　）。

A. 《马德里协定》只对《巴黎公约》的成员方开放

B. 我国是《马德里协定》的成员方

C. 《马德里协定》旨在解决商标的国际注册问题

D.《马德里协定》成员方的国民可以直接向世界知识产权组织国际局申请国际注册

【答案】D

【解析】本题考查商标国际条约。《马德里协定》只对《巴黎公约》的成员方开放。我国于1989年10月正式成为该协定的成员方。《马德里协定》是对《巴黎公约》关于商标国际保护的补充,其主旨在于解决商标的国际注册问题。成员方的国民须在本国注册商标后,才可以向设在日内瓦的世界知识产权组织国际局申请国际注册。

(二) 多项选择题

1. 下列属于我国广义知识产权的有（   ）。

  A. 专利权   B. 商号权   C. 商业秘密权   D. 动物新品种权

  E. 地理标志权

【答案】A B C E

【解析】本题考查知识产权的概念与范围。广义的知识产权包括专利权、著作权及其邻接权、商标权、商号权、商业秘密权、地理标志权、集成电路布图设计权等权利。植物新品种权属于我国知识产权的范畴,但动物新品种权不属于。

2. 知识产权客体的非物质性具体表现为知识产权客体（   ）。

  A. 无须通过一定的客观形式表现出来   B. 不发生有形控制的占有

  C. 不发生消灭知识产品的事实处分   D. 不发生有形损耗的使用

  E. 不发生有形交付的法律处分

【答案】B C D E

【解析】本题考查知识产权的性质。知识产权虽具有非物质性特征,但它总要通过一定的客观形式表现出来,作为其表现形式的物化载体所对应的是物权而不是知识产权。

3. 下列属于著作权法所保护的作品是（   ）。

  A. 文字作品   B. 商号

  C. 计算机软件   D. 民间文学艺术

E. 技术方案

【答案】A B C

【解析】本题考查知识产权的范围。著作权法律制度以保护文学、艺术、科学作品的创作者和传播者的专有权利为宗旨，其客体范围除一般意义上的作品外，还包括民间文学艺术和计算机软件。

4. 知识产权的特征包括（　　）。
   A. 权利客体的非物质性　　　　B. 创新性
   C. 专有性　　　　　　　　　　D. 地域性
   E. 时间性

【答案】A C D E

【解析】本题考查知识产权的特征。权利客体的非物质性是知识产权区别于民法物权的本质特性。专有性、地域性、时间性是知识产权的基本特征。

5. 知识产权客体的非物质性具体表现为知识产权客体（　　）。
   A. 不发生有形控制的占有　　　B. 不发生有形损耗的使用
   C. 不发生消灭知识产品的事实处分　D. 不发生有形交付的法律处分
   E. 无须通过一定的客观形式表现出来

【答案】A B C D

【解析】本题考查知识产权的性质。知识产权虽具有非物质性特征，但它总要通过一定的客观形式表现出来，作为其表现形式的物化载体所对应的是物权而不是知识产权。

6. 我国现行知识产权法律制度包括（　　）。
   A. 著作权法律制度　　　　　　B. 商标权法律制度
   C. 地理标志权法律制度　　　　D. 反不正当竞争法律制度
   E. 无形资产管理办法

【答案】A B C D

【解析】本题考查知识产权的制度体系。我国现行知识产权立法包括以下8种法律制度：著作权法律制度、专利权法律制度、工业版权法律制度、商标权法律制度、商号权法律制度、地理标志权法律制度、商业秘密权法律制度、反不正当竞争法律制度。

7. 知识产权继受取得的原因包括（　　）。
   A. 创作行为　　　　　　B. 发明创造行为
   C. 继承　　　　　　　　D. 转让
   E. 许可

【答案】C D

【解析】本题考查知识产权的继受取得。在知识产权领域，继受取得的原因大致分为两类：转让和继承。

8. 知识产权侵权的民事救济方法有（　　）。
   A. 停止侵害　　　　　　B. 返还原物
   C. 赔偿损失　　　　　　D. 恢复原状
   E. 罚款

【答案】A C

【解析】本题考查侵犯知识产权行为的法律救济。由于知识产权客体具有非物质性特征，因此在知识产权侵权之诉中，知识产权主体并不能援用请求恢复原状、返还原物的传统民事救济方法。罚款属于行政责任形式。

9. 下列选项中不属于侵犯知识产权的民事救济措施的有（　　）。
   A. 停止侵害　　　　　　B. 没收违法所得
   C. 返还原物　　　　　　D. 恢复原状
   E. 赔偿损失

【答案】B C D

【解析】本题考查侵犯知识产权行为的法律救济。知识产权的民事救济措施主要采取请求停止侵害和请求赔偿损失的方法。由于权利客体的非物质性特征，在知识产权侵权之诉中，知识产权主体并不能援用请求恢复原状、返还原物的传统民事救济方法。没收违法所得属于行政救济措施。

10. 下列关于侵犯知识产权的损害赔偿额计算方法的说法正确的有（　　）。

A. 可直接按知识产权对外许可的费用计算

B. 可按侵权人在侵权期间因侵权行为所得的利益计算

C. 可按权利人在被侵权期间因被侵权所受到的损失计算

D. 权利人为制止侵权行为而支付的合理开支也可包含在内

E. 如果权利人的实际损失和侵权人的非法所得不能确定，则可以适用法定赔偿的有关规定

【答案】BCDE

【解析】本题考查侵犯知识产权行为的法律救济。知识产权损害赔偿的计算方法有两种：一是按权利人在被侵权期间因被侵权所受到的损失计算；二是按侵权人在侵权期间因侵权行为所得的利益计算。同时，权利人为制止侵权行为而支付的合理开支也可包含在内。如果权利人的实际损失和侵权人的侵权获利不能确定，则可以适用法定赔偿的有关规定。

11. 根据管理主体的不同，知识产权管理可以分为（　　）。

A. 知识产权行政管理　　B. 企业知识产权管理

C. 行业知识产权管理　　D. 知识产权服务管理

E. 事业单位知识产权管理

【答案】ABCE

【解析】本题考查知识产权管理概述。根据管理主体的不同，知识产权管理可以分为知识产权行政管理、行业知识产权管理、企业知识产权管理、事业单位知识产权管理等。

12. 下列属于知识产权管理体系构建流程的有（　　）。

A. 贯标筹备　　B. 调查诊断

C. 基础管理　　D. 实施运行

E. 评价改进

【答案】ABDE

【解析】本题考查知识产权管理概述。知识产权管理体系的构建总体上可分为贯标筹备、调查诊断、框架构建、文件编写、教育培训、实施运行、评价改进7个

步骤。

13. 《科研组织知识产权管理规范》规定了科研组织在知识产权运用环节的管理要求，包括（　　）方面的内容。

　　A. 评估与分级管理　　　　B. 实施和运用

　　C. 许可和转让　　　　　　D. 作价投资

　　E. 策划推广

【答案】A B C D

【解析】本题考查科研组织管理规范。"知识产权运用"，规定了科研组织在知识产权运用环节的管理要求，包括评估与分级管理、实施和运用、许可和转让、作价投资等方面的内容。

14. 政府部门的知识产权公共服务职能表现在（　　）。

　　A. 配置公共资源　　　　　B. 提供公共产品

　　C. 营造政策环境　　　　　D. 专业技术培训

　　E. 实施有效监管

【答案】A B C E

【解析】本题考查知识产权公共服务的外延。政府部门应充分发挥公共服务职能，有效地服务于市场和社会需求。这种职能发挥表现在配置公共资源、提供公共产品、营造政策环境、实施有效监管4个方面。

15. 侵犯知识产权的行为主要包括（　　）。

　　A. 未经授权，在生产、经营、广告、宣传、表演和其他活动中使用相同或者近似的商标、特殊标志、专利、作品和其他创作成果

　　B. 变相利用相同或者近似的商标、特殊标志、专利、作品和其他创作成果

　　C. 为侵权行为提供场所、仓储、运输、邮寄、隐匿等便利条件

　　D. 在申请日以前已经制造相同产品，使用相同方法的或者已经作好制造、使用准备的，并且仅在原有范围内继续制造、使用的

【答案】A B C

【解析】本题考查侵犯知识产权行为。在申请日以前已经制造相同产品，使用

相同方法的或者已经作好制造、使用准备的,并且仅在原有范围内继续制造、使用的,不视为侵犯知识产权的行为,其为《专利法》规定的"先用权人使用原则"。

16. 狭义的知识产权公共服务包括( )。

A. 知识产权人才培育　　　　　B. 知识产权基础设施建设
C. 知识产权基础信息供给　　　D. 知识产权信息传播利用
E. 知识产权保护环境营造

【答案】BCDE

【解析】本题考查知识产权公共服务的内涵。狭义的知识产权公共服务包括知识产权基础设施建设、知识产权基础信息供给、知识产权信息传播利用、知识产权保护环境营造等内容。

17. 下列选项中,保护工业产权的国际公约有( )。

A. 《罗马公约》　　　　　　　B. 《马德里协定》
C. 《与贸易有关的知识产权协定》　D. 《巴黎公约》
E. 《伯尔尼公约》

【答案】BCD

【解析】本题考查知识产权国际保护条约。《罗马公约》和《伯尔尼公约》属于保护著作权的国际条约。

第二章 专利申请

一、知识点

辨析发明、实用新型、外观设计专利申请文件的作用以及撰写要求，掌握不授予专利权的客体以及专利保护客体的判断原则，辨析发明、实用新型授权条件，掌握外观设计专利授权条件，辨析专利无效请求审查原则、法定理由的适用，熟悉无效请求程序中的证据规则和专利文件的修改规则，掌握按照专利合作条约提出的国际申请的受理、检索、初步审查和进入国家阶段的程序要求。

二、同步练习

（一）单项选择题

1. 下列属于实用新型专利保护的客体是（　　）。

A. 一种复合板，其特征在于板材上印刷有人物图案

B. 一种复合板，其特征在于经浸泡、切片、除湿脱水而成

C. 一种复合板，其特征在于可用于制造简易车库

D. 一种复合板，其特征在于由四层板材构成，板材之间由胶水黏结

【答案】D

【解析】本题考查实用新型保护的客体。

《专利法》第2条规定，实用新型，是指对产品的形状、构造或者其结合所提出的适于实用的新的技术方案。

《专利审查指南（2010）》第一部分第二章6.1规定：一切方法以及未经人工制造的自然存在的物品不属于实用新型专利保护的客体。上述方法包括产品的制造方

法、使用方法、通讯方法、处理方法、计算机程序以及将产品用于特定用途等。

第一部分第二章6.3规定，未采用技术手段解决技术问题，以获得符合自然规律的技术效果的方案，不属于实用新型专利保护的客体。产品的形状以及表面的图案、色彩或者其结合的新方案，没有解决技术问题的，不属于实用新型专利保护的客体。产品表面的文字、符号、图表或者其结合的新方案，不属于实用新型专利保护的客体。

2. 下列选项中不属于外观设计专利保护的客体是（   ）。

A. 衣服上的绢花造型设计　　　　B. 通电后才显示的台灯的彩色图案

C. 饼干的心形设计　　　　　　　D. 餐巾扎成的小狗形状

【答案】D

【解析】本题考查实用新型保护的客体。

《专利法》第2条规定：外观设计，是指对产品的整体或者局部的形状、图案或者其结合以及色彩与形状、图案的结合所作出的富有美感并适于工业应用的新设计。

《专利审查指南（2010）》第一部分第三章7.4规定，不授予外观设计专利的情形有几种，根据专利法第2条第4款的规定，以下属于不授予外观设计专利权的情形：……（6）要求保护的外观设计不是产品本身常规的形态，例如手帕扎成动物形态的外观设计。……（11）游戏界面以及与人机交互无关的显示装置所显示的图案，例如，电子屏幕壁纸、开关机画面、与人机交互无关的网站网页的图文排版。

3. 李某于2010年10月20日就一种改进的制冷系统向国家知识产权局递交了发明专利申请。下列情形不会影响该发明专利申请新颖性的是（   ）。

A. 2009年8月在日本参加一个学术会议时，李某就该种系统进行了口头介绍

B. 李某在一本2010年10月出版的杂志上发表了一篇介绍该种系统的文章，且无其他证据证明该杂志的具体印刷日

C. 李某于2010年10月15日向国家知识产权局提交了一件同样内容的实用新型专利申请，该申请于2010年5月8日被授予专利权

D. 某公司经李某授权于2010年2月在美国使用了该系统

【答案】B

【解析】本题考查新颖性。

《专利法》第22条规定，新颖性，是指该发明或者实用新型不属于现有技术；也没有任何单位或者个人就同样的发明或者实用新型在申请日以前向国务院专利行政部门提出过申请，并记载在申请日以后公布的专利申请文件或者公告的专利文件中。

《专利审查指南（2010）》第二部分第三章2.1.2.1规定，出版物的印刷日视为公开日，有其他证据证明其公开日的除外。印刷日只写明年月或者年份的，以所写月份的最后一日或者所写年份的12月31日为公开日。第三章2.1.2.2规定，使用公开的方式包括能够使公众得知其技术内容的制造、使用、销售、进口、交换、馈赠、演示、展出等方式。第三章2.2.2.3规定，为公众所知的其他方式，主要是指口头公开等。例如，口头交谈、报告、讨论会发言、广播、电视、电影等能使公众得知技术内容的方式。口头交谈、报告、讨论会发言以其发生之日为公开日。公众可接收的广播、电视或电影的报道，以其播放日为公开日。第三章2.2规定，根据专利法第22条第2款的规定，在发明或者实用新型新颖性的判断中，由任何单位或者个人就同样的发明或者实用新型在申请日以前向专利局提出并且在申请日以后（含申请日）公布的专利申请文件或者公告的专利文件损害该申请日提出的专利申请的新颖性。为描述简便，在判断新颖性时，将这种损害新颖性的专利申请，称为抵触申请。

4. 在满足其他授权条件的情况下，下列申请能被授予发明专利权的是（   ）。

A. 申请专利的发明是依赖遗传资源完成的，但该遗传资源的利用违反了行政法规

B. 同一申请人同日对同样的发明创造既申请实用新型专利又申请发明专利，申请人放弃其先获得的实用新型专利权的

C. 未经保密审查，将在中国完成的发明在外国申请专利后，再到中国申请专利的

D. 职务发明的发明人私自将其做出的发明以自己名义申请专利的

【答案】B

【解析】本题考查不授予专利权的客体。

《专利法》第5条规定，对违反法律、社会公德或者妨害公共利益的发明创造，不授予专利权。

第6条规定，执行本单位的任务或者主要是利用本单位的物质技术条件所完成

的发明创造为职务发明创造。职务发明创造申请专利的权利属于该单位,申请被批准后,该单位为专利权人。该单位可以依法处置其职务发明创造申请专利的权利和专利权,促进相关发明创造的实施和运用。

第9条规定,同样的发明创造只能授予一项专利权。但是,同一申请人同日对同样的发明创造既申请实用新型专利又申请发明专利,先获得的实用新型专利权尚未终止,且申请人声明放弃该实用新型专利权的,可以授予发明专利权。

第19条规定,任何单位或者个人将在中国完成的发明或者实用新型向外国申请专利的,应当事先报经国务院专利行政部门进行保密审查。保密审查的程序、期限等按照国务院的规定执行。

5. 下列各图是净水器产品的外观设计专利申请视图。已知主视图和立体图正确,下列视图正确的是(   )。

A. 俯视图　　　　B. 左视图　　　　C. 后视图　　　　D. 仰视图

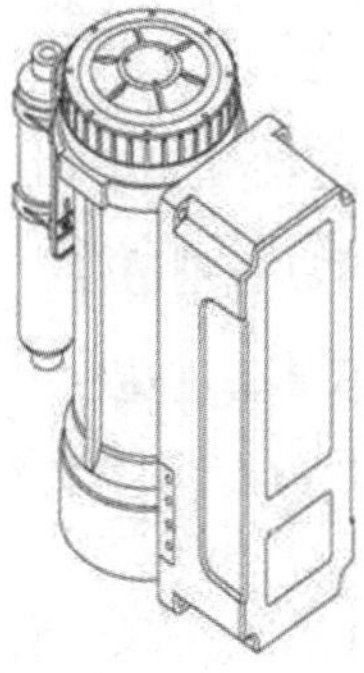 立体图	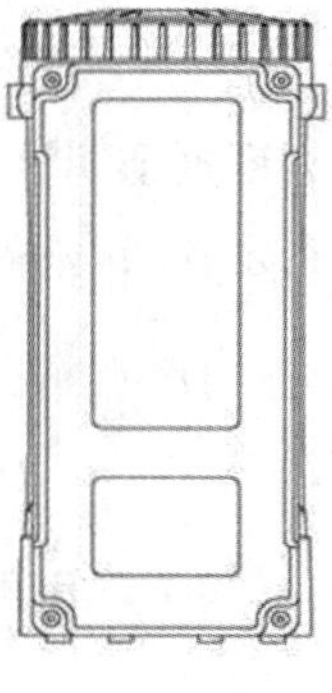 主视图	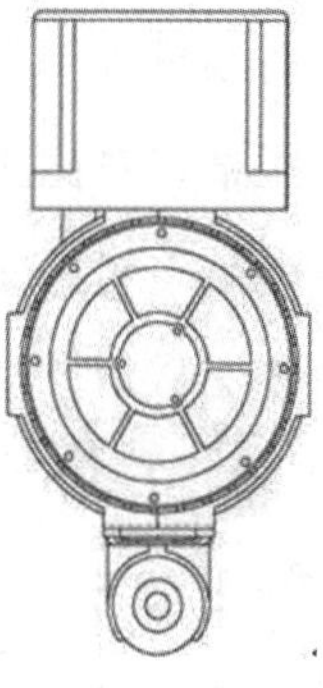 俯视图
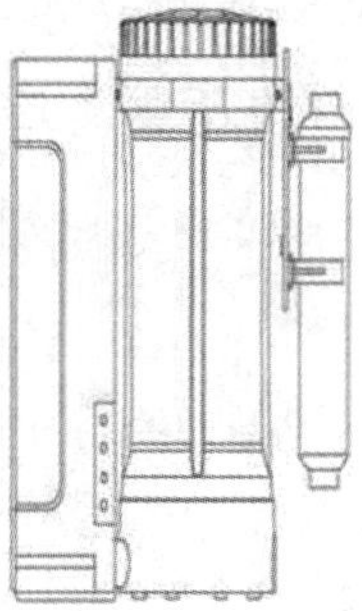 左视图	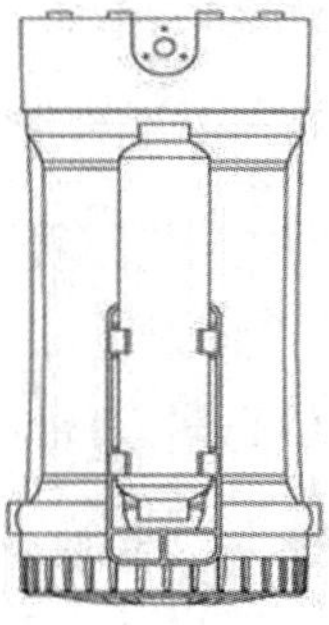 后视图	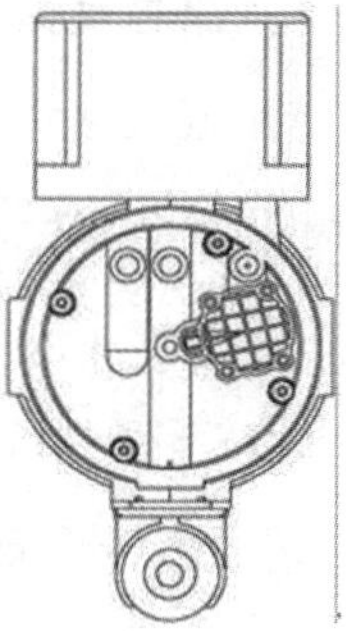 仰视图

【答案】D

【解析】本题考查外观设计专利申请的图片或照片。

俯视图中圆形的部分应该在图的上半部分；左视图中圆筒状部分应该分布在图的左半部分；后视图中圆形的盖子应该是在上边，上下颠倒；仰视图没有明显的错误。

6. 李某针对某发明专利提出了无效宣告请求，主张（1）依据产品销售发票 A1 及产品使用说明书 A2 证明该专利不具备新颖性；（2）依据对比文件 D1 和 D2 的结合证明该专利不具备创造性。复审和无效审理部经审理认定：（1）由于请求人未能提供 A1 的原件，其真实性不能被确认，不能证明该专利不具备新颖性；（2）D1、D2 的结合不能证明该专利不具备创造性，作出维持专利权有效的审查决定。在满足其他受理条件的情况下，针对该发明专利再次提出的下列无效宣告请求不予以受理的是（　　）。

A. 李某以产品销售发票 A1 原件及产品使用说明书 A2 相结合证明该专利不具备新颖性

B. 王某以对比文件 D1、D2 作为证据证明该专利不具备创造性

C. 张某以对比文件 D1 和对比文件 D3 相结合证明该专利不具备创造性

D. 李某以对比文件 D2 和对比文件 D3 相结合证明该专利不具备创造性

【答案】B

【解析】本题考查无效宣告请求一事不再理原则。

《专利审查指南（2010）》第四部分第三章2.1规定，对已作出审查决定的无效宣告案件涉及的专利权，以同样的理由和证据再次提出无效宣告请求的，不予受理和审理。如果再次提出的无效宣告请求的理由（简称"无效宣告理由"）或者证据因时限等原因未被在先的无效宣告请求审查决定所考虑，则该请求不属于上述不予受理和审理的情形。

7. 针对下列专利提出的无效宣告请求，复审和无效审理部不予受理的是（　　）。

A. 请求宣告无效的专利自授权后第 2 年放弃

B. 请求宣告无效的专利自申请日起放弃

C. 请求宣告无效的专利因专利权属纠纷被中止

D. 请求宣告无效的专利因期满而终止

【答案】B

【解析】本题考查无效宣告请求的法定理由。

《专利法》第45条规定，自国务院专利行政部门公告授予专利权之日起，任何单位或者个人认为该专利权的授予不符合本法有关规定的，可以请求国务院专利行政部门宣告该专利权无效。

8. 对于一件优先权日为2008年9月27日、国际申请日为2009年2月15日的PCT申请，国际检索单位于2009年3月10日收到检索文本后，应当最迟在（ ）完成国际检索报告？

    A. 2009年5月15日   B. 2009年6月10日

    C. 2009年6月27日   D. 2009年12月10日

【答案】C

【解析】本题考查国际检索报告。

《专利合作条约实施细则》第42条规定，制定国际检索报告或者提出条约第17条（2）(a) 所述宣布的期限应为自国际检索单位收到检索文本起3个月，或者自优先权日起9个月，以后到期者为准。

9. 通常情况下，PCT申请在国际阶段可以不经过下列程序的是（ ）。

    A. 受理   B. 国际公布   C. 国际检索   D. 国际初步审查

【答案】D

【解析】本题考查国际申请初步审查。

国际初步审查程序属于《专利合作条约》第二章规定的程序，是申请人在收到国际检索报告和书面意见之后，申请人依情况选择的程序，是非必经程序。

10. 由国家知识产权局受理的国际发明申请在进入中国国家阶段时应当缴纳（ ）。

    A. 申请费   B. 公布印刷费   C. 申请附加费   D. 实质审查费

【答案】B

【解析】本题考查国际申请进入国家阶段的费用。

《专利审查指南（2010）》第三部分第一章7.2.1规定，由专利局作为受理局受理的国际申请在进入国家阶段时免缴申请费及申请附加费。

《专利法实施细则》第104条规定，申请人依照本细则第103条的规定办理进入中国国家阶段的手续的，应当符合下列要求：（二）缴纳本细则第93条第1款规定的申请费、公布印刷费，必要时缴纳本细则第103条规定的宽限费。

（二）多项选择题

1. 下列请求书中的实用新型名称不符合相关规定的有（   ）。

A. 一种新型手机支架及其系列产品　　B. 一种节水喷头（Ⅱ）

C. 一种手机的台式充电器　　D. 一种节水器及其应用

E. 一种开闭式汽车后车窗、汽车后背门及汽车

【答案】C E

【解析】本题考查实用新型专利申请文件。

《专利审查指南（2010）》第二部分第二章2.2.1规定：发明或者实用新型的名称应当清楚、简要，写在说明书首页正文部分的上方居中位置。发明或者实用新型的名称应当按照以下各项要求撰写：（1）说明书中的发明或者实用新型的名称与请求书中的名称应当一致，一般不得超过25个字，特殊情况下，例如，化学领域的某些申请，可以允许最多到40个字；（2）采用所属技术领域通用的技术术语，最好采用国际专利分类表中的技术术语，不得采用非技术术语；（3）清楚、简要、全面地反映要求保护的发明或者实用新型的主题和类型（产品或者方法），以利于专利申请的分类，例如一件包含拉链产品和该拉链制造方法两项发明的申请，其名称应当写成"拉链及其制造方法"；（4）不得使用人名、地名、商标、型号或者商品名称等，也不得使用商业性宣传用语。

2. 下列选项中不属于实用新型专利的保护客体有（   ）。

A. 一种钢管，其特征在于由不锈钢制成

B. 一种绳子，其特征在于具有蝴蝶结和扣环

C. 一种圆形药片，其特征在于该药片包括X组分、Y组分

D. 一种电缆，其特征在于包括外层和内芯

E. 一种炒锅，其特征在于：该锅经过300摄氏度热处理

【答案】A C E

【解析】本题考查不授予专利权的客体。

《专利法》第 2 条规定，实用新型，是指对产品的形状、构造或者其结合所提出的适于实用的新的技术方案。

《专利审查指南（2010）》第一部分第二章 6.2.2 规定，(2) 如果权利要求中既包含形状、构造特征，又包含对材料本身提出的技术，则不属于实用新型专利保护的客体。例如，一种菱形药片，其特征在于，该药片是由 20% 的 A 组分、40% 的 B 组分及 40% 的 C 组分构成的。由于该权利要求包含了对材料本身提出的改进，因而不属于实用新型专利保护的客体。

3. 某建材公司发明了一种新型地砖，在国内市场上销售一段时间后，该公司向国家知识产权局提交了一件与该地砖相关的专利申请。下列所述销售行为在（　　）情形下不会影响该专利申请的新颖性。

A. 公司提交的是该地砖外观设计专利申请

B. 公司提交的是关于该地砖外部构造实用新型专利申请

C. 公司提交的是关于该地砖原料的发明专利申请，其原料配方无法从对该瓷砖的分析中得知

D. 公司提交的是关于该地砖的制备方法专利申请

E. 公司提交的是关于该地砖的用途专利申请

【答案】C D

【解析】本题考查新颖性。

《专利审查指南（2010）》第二部分第三章 2.1.2.2 规定，使用公开的方式包括能够使公众得知其技术内容的制造、使用、销售、进口、交换、馈赠、演示、展出等方式。只要通过上述方式使有关技术内容处于公众想得知就能够得知的状态，就构成使用公开，而不取决于是否有公众得知。但是，未给出任何有关技术内容的说明，以致所属技术领域的技术人员无法得知其结构和功能或材料成分的产品展示，不属于使用公开。

新型地砖的销售并不能导致其原料配方处于使用公开状态，尤其是其原料配方无法从地砖中分析得出的情况下，也就不会导致针对该地砖原料提出的发明专利申请丧失新颖性。

新型地砖的销售并不能导致其制备方法处于使用公开状态,也就不会导致针对该地砖的制备方法提出的发明专利申请丧失新颖性。

4. 下列关于外观设计专利申请中的图片或者照片的说法正确的有( )。

A. 照片中的产品不允许包含内装物或者衬托物

B. 图片可以使用铅笔、蜡笔、圆珠笔绘制

C. 照片的拍摄通常应当遵循正投影规则,避免因透视产生的变形影响产品的外观设计的表达

D. 透明产品的外观设计,外层与内层有两种以上形状、图案和色彩时,应当分别表示出来

E. 图片可以使用蓝图、草图、油印件

【答案】C D

【解析】本题考查外观设计图片或者照片。

《专利审查指南(2010)》第一部分第三章4.2.1规定,图片可以使用包括计算机在内的制图工具绘制,但不得使用铅笔、蜡笔、圆珠笔绘制,也不得使用蓝图、草图、油印件。第三章4.2.3规定,(3)照片的拍摄通常应当遵循正投影规则,避免因透视产生的变形影响产品的外观设计的表达。……(5)照片中的产品通常应当避免包含内装物或者衬托物,但对于必须依靠内装物或者衬托物才能清楚地显示产品的外观设计时,则允许保留内装物或者衬托物。第三章4.2.4规定,(10)图片或者照片的缺陷,透明产品的外观设计,外层与内层有两种以上形状、图案和色彩时,没有分别表示出来。

5. 当产品的六面正投影视图或两面正投影视图不能充分表达外观设计时,可以通过提交下列( )给予补充表达。

A. 使用状态参考图　　　　B. 展开图

C. 放大图　　　　　　　　D. 剖视图

E. 缩小图

【答案】A B C D

【解析】本题考查外观设计图片或照片。

《专利审查指南(2010)》第一部分第三章4.2规定:就立体产品的外观设计而

言，产品设计要点涉及六个面的，应当提交六面正投影视图；产品设计要点仅涉及一个或几个面的，应当至少提交所涉及面的正投影视图和立体图，并应当在简要说明中写明省略视图的原因。就平面产品的外观设计而言，产品设计要点涉及一个面的，可以仅提交该面正投影视图；产品设计要点涉及两个面的，应当提交两面正投影视图。必要时，申请人还应当提交该外观设计产品的展开图、剖视图、剖面图、放大图以及变化状态图。此外，申请人可以提交参考图，参考图通常用于表明使用外观设计的产品的用途、使用方法或者使用场所等。

6. 李某针对王某的专利权提出无效宣告请求，主张权利要求1相对于对比文件1不具备新颖性，权利要求2相对于对比文件2不具备创造性。复审和无效审理部在审查了上述全部无效宣告请求的理由和证据后，以权利要求1缺乏新颖性为由作出宣告权利要求1无效、在权利要求2的基础上维持专利权有效的决定。该无效决定已生效。此后，王某主动放弃了专利权。下列说法正确的有（　　）。

A. 针对已被宣告无效的权利要求1所提出的任何无效宣告请求均不应当被受理

B. 鉴于王某已主动放弃了专利权，任何人针对该专利再次提出的无效宣告请求，均不应当被受理

C. 李某以权利要求2相对于对比文件1不具备创造性为由再次提出无效宣告请求，应当被受理

D. 第三人张某以权利要求2相对于对比文件2不具备创造性为由再次提出无效宣告请求，不应当被受理

E. 第三人胡某以权利要求2相对于对比文件1不具备创造性为由再次提出无效宣告请求，应当被受理

【答案】A C D E

【解析】本题考查一事不再理原则、无效宣告请求客体。

《专利法》第45条规定，自国务院专利行政部门公告授予专利权之日起，任何单位或者个人认为该专利权的授予不符合本法有关规定的，可以请求国务院专利行政部门宣告该专利权无效。

《专利审查指南（2010）》第四部分第三章2.1规定，在复审和无效审理部就无效宣告请求作出决定之后，又以同样的理由和证据请求无效宣告的，复审和无效审理部不予受理。如果再次提出的无效宣告请求的理由（简称"无效宣告理由"）或

者证据因时限等原因未被在先的无效宣告请求审查决定所考虑,则该请求不属于上述不予受理和审理的情形。第三章3.1规定,无效宣告请求的客体应当是已经公告授权的专利,包括已经终止或者放弃(自申请日起放弃的除外)的专利。

7. 李某于2009年3月4日就某专利提出无效宣告请求,所依据的证据是某日本专利文献,李某提交了该专利文献的中文译文但未提交该专利文献的原文。复审和无效审理部于2009年3月6日收到了该无效宣告请求。下列说法错误的有(   )。

A. 李某可以在2009年3月4日起一个月内提交该日本专利文献的原文

B. 李某可以在2009年3月6日起一个月内提交该日本专利文献的原文

C. 李某可以在2009年3月21日起一个月内提交该日本专利文献的原文

D. 李某可以在口审当天提交该日本专利文献的原文

E. 李某可以在2009年3月4日起两个月内提交该日本专利文献的原文

【答案】BCDE

【解析】本题考查无效宣告请求的受理。

《专利审查指南(2010)》第四部分第三章4.3.1规定,(1)请求人在提出无效宣告请求之日起一个月内补充证据的,应当在该期限内结合该证据具体说明相关的无效宣告理由,否则,复审和无效审理部不予考虑。(2)请求人在提出无效宣告请求之日起一个月后补充证据的,复审和无效审理部一般不予考虑,但下列情形除外:(i)针对专利权人提交的反证,请求人在复审和无效审理部指定的期限内补充证据,并在该期限内结合该证据具体说明相关无效宣告理由的;(ii)在口头审理辩论终结前提交技术词典、技术手册和教科书等所属技术领域中的公知常识性证据或者用于完善证据法定形式的公证文书、原件等证据,并在该期限内结合该证据具体说明相关无效宣告理由的。(3)请求人提交的证据是外文的,提交其中文译文的期限适用该证据的举证期限。

8. 下列不能作为宣告专利权无效的理由有(   )。

A. 专利权人未在规定期限内缴纳年费

B. 权利要求之间不具备单一性

C. 权利要求书未以说明书为依据

D. 专利申请委托手续不符合相关规定

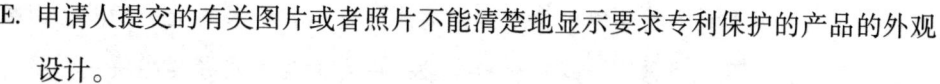

E. 申请人提交的有关图片或者照片不能清楚地显示要求专利保护的产品的外观设计。

【答案】BCDE

【解析】本题考查无效宣告的理由。

《专利法实施细则》第65条规定，前款所称无效宣告请求的理由，是指被授予专利的发明创造不符合《专利法》第2条、第20条第1款、第22条、第23条、第26条第3款和第4款、第27条第2款、第33条或者本细则第20条第2款、第43条第1款的规定，或者属于《专利法》第5条、第25条的规定，或者依照《专利法》第9条规定不能取得专利权。

9. 在无效宣告程序中，下列修改方式不被允许的有（ ）。

1. 一种装置，其特征为 a+b。
2. 如权利要求1所述的装置，还包括特征 c。
3. 如权利要求2所述的装置，还包括特征 d。
4. 如权利要求1所述的装置，还包括特征 e。

A. 将权利要求1修改为"一种装置，其特征为 a、b 和 d"，删除其他权利要求

B. 权利要求1未作修改，将权利要求2修改为"如权利要求1所述的装置，还包括特征 c 和 e"

C. 将权利要求1修改为"一种装置，其特征为 a、b 和 e"，删除其他权利要求

D. 将权利要求1修改为"一种装置，其特征为 a、b 和 f"，特征 f 在原说明书中有明确记载

E. 将权利要求1修改为"一种装置，其特征为 a"

【答案】ABDE

【解析】本题考查无效宣告程序中专利文件的修改。

《专利审查指南（2010）》第四部分第三章4.6.1规定，发明或者实用新型专利文件的修改仅限于权利要求书，其原则是：（1）不得改变原权利要求的主题名称。（2）与授权的权利要求相比，不得扩大原专利的保护范围。（3）不得超出原说明书和权利要求书记载的范围。（4）一般不得增加未包含在授权的权利要求书中的技术特征。第三章4.6.2规定，在满足上述修改原则的前提下，修改权利要求书的具体

方式一般限于权利要求的删除、技术方案的删除、权利要求的进一步限定、明显错误的修正。权利要求的删除是指从权利要求书中去掉某项或者某些项权利要求,例如独立权利要求或者从属权利要求。技术方案的删除是指从同一权利要求中并列的两种以上技术方案中删除一种或者一种以上技术方案。

10. 下列可以作为请求宣告该专利权无效的理由有（   ）。

   A. 权利要求 1 和权利要求 3 之间不具有单一性

   B. 由于存在抵触申请,权利要求 1 不具备新颖性

   C. 权利要求 1 与现有技术的区别为公知常识,不具备创造性

   D. 权利要求 1 的撰写未区分前序部分和特征部分

   E. 修改超出原说明书和权利要求书记载的范围

【答案】B C E

【解析】本题考查无效宣告的理由。

《专利法实施细则》第 65 条规定,依照《专利法》第 45 条的规定,请求宣告专利权无效或者部分无效的,应当向复审和无效审理部提交专利权无效宣告请求书和必要的证据一式两份。无效宣告请求书应当结合提交的所有证据,具体说明无效宣告请求的理由,并指明每项理由所依据的证据。前款所称无效宣告请求的理由,是指被授予专利的发明创造不符合专利法第 2 条、第 20 条第 1 款、第 22 条、第 23 条、第 26 条第 3 款和第 4 款、第 27 条第 2 款、第 33 条或者本细则第 20 条第 2 款、第 43 条第 1 款的规定,或者属于专利法第 5 条、第 25 条的规定,或者依照专利法第 9 条规定不能取得专利权。

11. 在无效宣告程序中,专利权人对其权利要求进行了删除式修改,同时针对请求人所提交的证据提交了 3 份反证。下列请求人采取的应对措施被允许的有（   ）。

   A. 在复审和无效审理部指定期限内,针对专利权人修改后的权利要求书增加新的无效宣告理由

   B. 在复审和无效审理部指定期限内,针对专利权人提交的 3 份反证补充新的证据,并在该期限内结合该证据具体说明相关的无效宣告理由

   C. 对明显与提交的证据不相对应的无效宣告理由进行变更

   D. 在口审辩论终结前提交教科书等公知常识性证据,并在该期限内结合该证据

具体说明相关无效宣告理由

E. 在口审辩论终结前提交公证文书等证据，并在该期限内结合该证据具体说明相关无效宣告理由

【答案】BCDE

【解析】本题考查无效宣告理由的增加、请求人举证。

在复审和无效审理部受理无效宣告请求后，请求人可以在提出无效宣告请求之日起一个月内增加理由或者补充证据。逾期增加理由或者补充证据的，复审和无效审理部可以不予考虑。

《专利审查指南（2010）》第四部分第三章4.2规定，（1）请求人可以在提出专利无效宣告请求之日起一个月内增加无效宣告理由，应当在该期限内对所增加的无效宣告理由具体说明；否则，复审与无效审理部不予考虑。（2）请求人在提出专利无效宣告请求之日起一个月后增加无效宣告理由的，复审和无效审理部一般不予考虑，但下列情形除外：（i）针对专利权人以删除以外的方式修改的权利要求，在复审和无效审理部指定期限内针对修改内容增加无效宣告理由，并在该期限内对所增加的无效宣告理由具体说明；（ii）对明显与提交的证据不相对应的无效宣告理由进行变更的。第三章4.3.1规定，（2）请求人在提出无效宣告请求之日起一个月后补充证据的，复审和无效审理部一般不予考虑，但下列情形除外：（i）针对专利权人提交的反证，请求人在复审和无效审理部指定的期限内补充证据，并在该期限内结合该证据具体说明相关无效宣告理由的；（ii）在口头审理辩论终结前提交技术词典、技术手册和教科书等所属技术领域中的公知常识性证据或者用于完善证据法定形式的公证文书、原件等证据，并在该期限内结合该证据具体说明相关无效宣告理由的。（3）请求人提交的证据是外文的，提交其中文译文的期限。

12. 下列关于国际申请的说法错误的有（　　）。

A. 《专利合作条约》述及"专利"应解释为述及发明人证书、实用证书、实用新型、外观设计证书等

B. 不能就外观设计提出 PCT 国际申请

C. 中国国民向国家知识产权局提交的 PCT 国际申请，可以指定欧洲专利局进行国际检索

D. PCT 国际申请在进入国家阶段之前必须经过国际初步审查

E. 中国国民向国家知识产权局提交的PCT国际申请,可以指定欧洲专利局进行初步审查

【答案】A C D E

【解析】本题考查国际申请的受理、国际检索、国际初步审查。

《专利合作条约》第2条规定,除另有明文规定外,为本条约和实施细则的目的,(i)"申请"是指保护发明的申请;述及"申请"应解释为述及发明专利、发明人证书、实用证书、实用新型、增补专利或增补证书、增补发明人证书和增补实用证书的申请。

第31条规定,经申请人要求,对国际申请应按下列规定和细则进行国际初步审查。

《中国申请人向国际局递交国际申请实施办法》规定,根据专利合作实施细则修订本第35.3(3)条和第59.1(b)条规定,中国居民或者国民按照本办法向国际局递交国际申请的,其主管国际检索单位和国际初步审查单位是国家知识产权局专利局。

13. 向国家知识产权局提出的PCT国际申请,在满足其他受理条件的情况下,下列可以将收到该申请之日记录为国际申请日的情形有（   ）。

A. 申请人以日文提交申请

B. 申请中未按规定方式写明申请人的姓名或者名称

C. 申请人提交的申请文件中有一部分表面上看像是说明书

D. 申请人提交的权利要求书中含有表格

E. 申请人提交的申请文件中有一部分表面上看像是一项或几项权利要求书

【答案】C D E

【解析】本题考查确定国际申请日的条件。

《专利合作条约》第11条规定,(1)受理局应以收到国际申请之日作为国际申请日,但以该局在收到申请时认定该申请符合下列要求为限：(i)申请人并不因为居所或国籍的原因而明显缺乏向该受理局提出国际申请的权利；(ii)国际申请是用规定的语言撰写；(iii)国际申请至少包括下列项目：(a)说明是作为国际申请提出的；(b)至少指定一个缔约国；(c)按规定方式写明的申请人的姓名或者名称；(d)有一部分表面上看像是说明书；(e)有一部分表面上看像是一项或几项权利要

求。(2)(a) 如果受理局在收到国际申请时认定该申请不符合本条（1）列举的要求，该局应按细则的规定，要求申请人提供必要的改正。(b) 如果申请人按细则的规定履行了上述的要求，受理局应以收到必要的改正之日作为国际申请日。(3) 除第64条（4）另有规定外，国际申请符合本条（1）(i) 至（iii）列举的要求并已被给予国际申请日的，在每个指定国内自国际申请日起具有正规的国家申请的效力。国际申请日应认为是在每个指定国的实际申请日。(4) 国际申请符合本条（1）(i) 至（iii）列举的要求的，即相当于《巴黎公约》所称的正规国家申请。

《中国专利局关于实施〈专利合作条约〉的规定》第5条规定，申请人应当使用中文或者英文向专利局提出国际申请，该申请在应当包括请求书、说明书、一项或者几项权利要求、一幅或者几幅附图（需要时）和摘要各一份。

（三）案例分析

【案例1】张某在2010年3月1日就同样的发明创造提交了一项实用新型专利申请和一项发明专利申请，并就存在同日申请作了说明，该实用新型专利申请于2010年9月1日获得授权；其发明专利申请于2011年9月1日被公开，并且经过实质审查在张某于2012年2月1日放弃了上述实用新型专利权后，于2012年6月1日获得授权。2015年3月1日该发明专利因未缴纳年费而终止。

1. 在满足其他受理条件的情况下，下列无效宣告请求应当予以受理的有（　　）。

A. 2010年12月2日廖某针对上述实用新型专利权提出无效宣告请求

B. 2011年11月9日廖某针对上述发明专利申请提出无效宣告请求

C. 2013年1月10日第三人陈某针对上述实用新型专利权提出无效宣告请求

D. 2015年10月8日第三人刘某针对该发明专利权提出无效宣告请求

E. 2013年10月8日第三人刘某针对该发明专利权提出无效宣告请求

【答案】ACDE

【解析】本题考查无效宣告请求的受理和无效宣告请求客体。

《专利审查指南（2010）》第二部分第三章6.2.2规定，但是，对于同一申请人同日（仅指申请日）对同样的发明创造既申请实用新型又申请发明专利的，在先获得的实用新型专利权尚未终止，并且申请人在申请时分别作出说明的，除通过修改发明专利申请外，还可以通过放弃实用新型专利权避免重复授权。因此，在对上述发明专利申请进行审查的过程中，如果该发明专利申请符合授予专利权的其他条件，应当通知申请人进行选择或者修改,申请人选择放弃已经授予的实用新型专利权的,应当在答复审查意见通知书时附交放弃实用新型专利权的书面声明。此时,对那件符合授权条件、尚未授权的发明专利申请,应当发出授权通知书,并将放弃上述实用新型专利权的书面声明转至有关审查部门,由专利局予以登记和公告,公告上注明上述实用新型专利权自公告授予发明专利权之日起终止。

第四部分第三章3.1规定,无效宣告请求的客体应当是已经公告授权的专利,包括已经终止或者放弃(自申请日起放弃的除外)的专利。无效宣告请求不是针对已经公告授权的专利的,不予受理。

2. 下列关于撤回无效宣告请求的说法正确的有(　　)。

A. 廖某若在口头审理中提出撤回发明请求的,无效宣告程序终止

B. 廖某若在口头审理结束后提出的撤回请求,复审和无效审理部不予考虑

C. 廖某在复审和无效审理部作出无效宣告请求审查决定前撤回请求的,无效宣告审查程序终止

D. 廖某在复审和无效审理部已发出书面审查决定后撤回请求的,不影响审查决定的有效性

【答案】D

【解析】本题考查无效宣告请求的撤回。

《专利法实施细则》第72条规定,复审和无效审理部对无效宣告的请求作出决定前,无效宣告请求人可以撤回其请求。复审和无效审理部作出决定之前,无效宣告请求人撤回其请求或者其无效宣告请求被视为撤回的,无效宣告请求审查程序终止。但是,复审和无效审理部认为根据已进行的审查工作能够作出宣告专利权无效或者部分无效的决定的,不终止审查程序。

3. 该实用新型的保护期终止日期是(　　)。

A. 2012年2月1日　　　　　　B. 2012年6月1日

C. 2011年9月1日　　　　　　D. 2015年3月1日

【答案】B

【解析】本题考查同样的发明创造只能授予一项专利权。

《专利法》第9条规定,同样的发明创造只能授予一项专利权。但是,同一申

请人同日对同样的发明创造既申请实用新型专利又申请发明专利，先获得的实用新型专利权尚未终止，且申请人声明放弃该实用新型专利权的，可以授予发明专利权。

4. 下列说法正确的有（　　）。
A. 2010 年 10 月 1 日可以对该实用新型提出无效
B. 2012 年 3 月 1 日可以对该实用新型提出无效
C. 2012 年 7 月 1 日可以对该实用新型提出无效
D. 2015 年 4 月 1 日可以对该实用新型提出无效
E. 2012 年 5 月 1 日可以对该发明新型提出无效

【答案】A B C D

【解析】本题考查无效宣告请求的客体。

《专利审查指南（2010）》第四部分第三章 3.1 规定，无效宣告请求的客体应当是已经公告授权的专利，包括已经终止或者放弃（自申请日起放弃的除外）的专利。无效宣告请求不是针对已经公告授权的专利的，不予受理。

【案例2】2006 年 7 月 4 日，某公司向国家知识产权局提交了一件实用新型专利申请。2007 年 4 月 5 日，该公司以中文向国家知识产权局提交了一件 PCT 国际申请，并要求前述实用新型申请的优先权。2007 年 6 月 6 日，该实用新型专利申请被国家知识产权局公告授予专利权。2008 年 9 月 5 日，该公司就该国际申请办理了进入中国国家阶段的手续，要求获得发明专利权。

1. 下列说法正确的有（　　）。
A. 因为首次申请是实用新型专利申请，所以其不能作为该国际申请要求优先权的基础
B. 尽管该国际申请的国际公布采用的是中文，进入我国国家阶段后经初步审查合格的，仍然要再次公布
C. 该国际申请进入我国国家阶段后，申请人最迟应当在 2011 年 9 月 5 日提交实质审查请求并缴纳足额费用，否则其申请视为撤回
D. 该国际申请经实质审查符合授予发明专利权的条件，但申请人拒绝放弃在先获得的实用新型专利权的，国家知识产权局应当驳回该 PCT 国际申请
E. 该国际申请进入我国国家阶段后，申请人最迟应当在 2009 年 7 月 4 日提交

实质审查请求并缴纳足额费用，否则其申请视为撤回

【答案】BDE

【解析】本题考查PCT国际申请进入中国国家阶段后的审查。

《专利法》第29条规定，申请人自发明或者实用新型在外国第一次提出专利申请之日起12个月内，或者自外观设计在外国第一次提出专利申请之日起6个月内，又在中国就相同主题提出专利申请的，依照该外国同中国签订的协议或者共同参加的国际条约，或者依照相互承认优先权的原则，可以享有优先权。

《专利法实施细则》第32条规定，申请人在一件专利申请中，可以要求一项或者多项优先权；要求多项优先权的，该申请的优先权期限从最早的优先权日起计算。申请人要求本国优先权，在先申请是发明专利申请的，可以就相同主题提出发明或者实用新型专利申请；在先申请是实用新型专利申请的，可以就相同主题提出实用新型或者发明专利申请。但是，提出后一申请时，在先申请的主题有下列情形之一的，不得作为要求本国优先权的基础：（1）已经要求外国优先权或者本国优先权的；（2）已经被授予专利权的；（3）属于按照规定提出的分案申请的。申请人要求本国优先权的，其在先申请自后一申请提出之日起即视为撤回。第114条规定，对要求获得发明专利权的国际申请，国务院专利行政部门经初步审查认为符合专利法和本细则有关规定的，应当在专利公报上予以公布；国际申请以中文以外的文字提出的，应当公布申请文件的中文译文。

《专利审查指南（2010）》第二部分第三章6.2.2规定，在对一件专利申请进行审查的过程中，对于同一申请人同日（指申请日，有优先权的指优先权日）就同样的发明创造提出的另一件专利申请已经被授予专利权，并且尚未授权的专利申请符合授予专利权的其他条件的，应当通知申请人进行修改。申请人期满不答复的，其申请被视为撤回。经申请人陈述意见或者进行修改后仍不符合《专利法》第9条第1款规定的，应当驳回其专利申请。

第三部分第一章5.9规定，进入国家阶段的国际申请，如果指定了中国的发明专利，自优先权日起3年内应当提出实质审查请求，并缴纳实质审查费。

2. 下列关于某公司办理国际申请进入中国国家阶段手续的说法错误的有（　　）。

A. 申请人应当提交进入中国国家阶段的书面声明

B. 申请人应当缴纳申请费、申请附加费和公布印刷费

C. 国际申请以中文以外的文字提出的，申请人应当提交原始国际申请的说明书、权利要求书、附图中的文字和摘要的中文译文

D. 国际申请以中文提出的，申请人应当提交国际公布文件中的摘要副本

【答案】B

【解析】本题考查国际申请进入国家阶段的处理。

《专利法实施细则》规定，申请人依照本细则第103条的规定办理进入中国国家阶段的手续的，应当符合下列要求：(1) 以中文提交进入中国国家阶段的书面声明，写明国际申请号和要求获得的专利权类型；(2) 缴纳本细则第93条第1款规定的申请费、公布印刷费，必要时缴纳本细则第103条规定的宽限费；(3) 国际申请以外文提出的，提交原始国际申请的说明书和权利要求书的中文译文；(4) 在进入中国国家阶段的书面声明中写明发明创造的名称，申请人姓名或者名称、地址和发明人的姓名，上述内容应当与世界知识产权组织国际局的记录一致；国际申请中未写明发明人的，在上述声明中写明发明人的姓名；(5) 国际申请以外文提出的，提交摘要的中文译文，有附图和摘要附图的，提交附图副本和摘要附图副本，附图中有文字的，将其替换为对应的中文文字；国际申请以中文提出的，提交国际公布文件中的摘要和摘要附图副本。

3. 下列有关该公司国际申请效力说法错误的有（　　）。

A. 国际申请的国际申请日视为向中国提出专利申请的申请日

B. 申请人首次提出的申请是国际申请的，该国际申请可以作为要求《巴黎公约》规定的优先权的基础

C. 国际申请指定中国并要求发明专利保护的，其国际公布的效力与中国国家公布相同

D. 国际申请享有的优先权在进入中国国家阶段时仍然有效的，视为已向专利局提出了优先权要求

E. 国际申请可以在进入国家阶段时选择要求保护的类型

【答案】A C

【解析】本题考查国际申请的效力。

《专利法实施细则》第102条规定，按照专利合作条约已确定国际申请日并指定中国的国际申请，视为向国务院专利行政部门提出的专利申请，该国际申请日视

为专利法第 28 条所称的申请日。

第 104 条规定，申请人依照本细则第 103 条的规定办理进入中国国家阶段的手续的，应当符合下列要求：(1) 以中文提交进入中国国家阶段的书面声明，写明国际申请号和要求获得的专利权类型……

第 110 条规定，申请人在国际阶段已要求一项或者多项优先权，在进入中国国家阶段时该优先权要求继续有效的，视为已经依照《专利法》第 30 条的规定提出了书面声明。

第 114 条规定，对要求获得发明专利权的国际申请，国务院专利行政部门经初步审查认为符合专利法和本细则有关规定的，应当在专利公报上予以公布；国际申请以中文以外的文字提出的，应当公布申请文件的中文译文。要求获得发明专利权的国际申请，由国际局以中文进行国际公布的，自国际公布日起适用《专利法》第 13 条的规定；由国际局以中文以外的文字进行国际公布的，自国务院专利行政部门公布之日起适用《专利法》第 13 条的规定。对国际申请，《专利法》第 21 条和第 22 条中所称的公布是指本条第 1 款所规定的公布。

《专利合作条约》第 11 条规定，(3) 除第 64 条 (4) 另有规定外，国际申请符合本条 (1) (i) 至 (iii) 列举的要求并已被给予国际申请日的，在每个指定国内自国际申请日起具有正规的国家申请的效力。国际申请日应认为是在每个指定国的实际申请日。(4) 国际申请符合本条 (1) (i) 至 (iii) 列举的要求的，即相当于《巴黎公约》所称的正规国家申请。

4. 某公司国际申请进入中国国家阶段的日期是指（　　）。

A. 申请人开始办理进入手续的日期

B. 申请人办理完成全部进入手续的日期

C. 申请人提交进入声明和原始国际申请文件中文译文的日期

D. 申请人缴纳进入中国国家阶段应缴费用的日期

E. 申请人提交 PCT 申请时的日期

【答案】B

【解析】本题考查进入国家阶段日期的确定。

《专利审查指南（2010）》第三部分第一章 2.3 规定，按照规定办理进入国家阶段手续的国际申请，凡是经审查在中国具有效力，且符合专利法实施细则第 104 条第 1 款第（1）项至第（3）项要求的，专利局应当给予国家申请号，明确国际申请进入国家阶段的日期（简称"进入日"），并发出国际申请进入中国国家阶段通知书。进入日是指向专利局办理并满足《专利法实施细则》第 104 条第 1 款第（1）项至第（3）项规定的进入国家阶段手续之日。上述满足要求的进入国家阶段手续是在同一日办理的，该日即为进入日。上述满足要求的进入国家阶段手续是在不同日办理的，以进入国家阶段手续最后办理之日为进入日。

第三章 专利保护

一、知识点

掌握专利保护范围及其确定原则，辨析专利申请权权属纠纷与专利权权属纠纷的异同，掌握专利侵权行为类型与侵权判定原则，掌握惩罚性赔偿制度，了解药品专利纠纷早期解决机制，掌握专利侵权的诉讼时效和侵权责任，熟悉专利合同纠纷的类型，掌握专利行政纠纷的类型和特点，分析专利行政裁决、诉讼、仲裁、调解的异同，了解知识产权诚信体系建设进展，掌握海外专利纠纷类型，熟悉海外专利纠纷解决策略。

二、同步练习

（一）单项选择题

1. 下列关于权利要求得到说明书的支持的说法错误的是（　　）。
A. 权利要求概括的技术方案不得超出说明书公开的范围
B. 如果独立权利要求得到说明书的支持，从属权利要求不一定能得到支持
C. 只要将权利要求的技术方案拷贝到说明书中，就可以克服权利要求得不到说明书支持的缺陷
D. 判断权利要求是否得到说明书的支持，应当考虑说明书的全部内容

【答案】C

【解析】本题考查以说明书为依据。

《专利审查指南（2010）》第二部分第二章3.2.1规定，权利要求书中的每一项权利要求所要求保护的技术方案应当是所属技术领域的技术人员能够从说明书充分

公开的内容中得到或概括得出的技术方案,并且不得超出说明书公开的范围……在判断权利要求是否得到说明书的支持时,应当考虑说明书的全部内容,而不是仅限于具体实施方式部分的内容……独立权利要求得到说明书支持并不意味着从属权利要求也必然得到支持……但是权利要求的技术方案在说明书中存在一致性的表述,并不意味着权利要求必然得到说明书的支持。只有当所属技术领域的技术人员能够从说明书充分公开的内容中得到或概括得出该项权利要求所要求保护的技术方案时,记载该技术方案的权利要求才被认为得到了说明书的支持。

2. A 公司在中国拥有一项药品的专利权,并在中国国内进行了制造销售。下列未经 A 公司许可不侵犯 A 公司的专利权的行为有（   ）。

  A. 乙是患者,从日本购买仿制的该专利药品自己服用,并将多余的药品带回国内销售

  B. 丙从 A 公司购买了该专利药品,将其加价卖给第三人

  C. 丁在国内某报纸上发布印度仿制的该专利药品的销售广告

  D. 戊见 A 公司销售的药品价格过于昂贵,自行制造并低价销售该专利药品

【答案】B

【解析】本题考查专利侵权行为。

《专利法》第 11 条规定,发明和实用新型专利权被授予后,除本法另有规定的以外,任何单位或者个人未经专利权人许可,都不得实施其专利,即不得为生产经营目的制造、使用、许诺销售、销售、进口其专利产品,或者使用其专利方法以及使用、许诺销售、销售、进口依照该专利方法直接获得的产品。外观设计专利权被授予后,任何单位或者个人未经专利权人许可,都不得实施其专利,即不得为生产经营目的制造、许诺销售、销售、进口其外观设计专利产品。

第 65 条规定,未经专利权人许可,实施其专利,即侵犯其专利权……

第 75 条规定,有下列情形之一的,不视为侵犯专利权:（1）专利产品或者依照专利方法直接获得的产品,由专利权人或者经其许可的单位、个人售出后,使用、许诺销售、销售、进口该产品的。

3. 下列有关专利权保护范围的说法错误的是（   ）。

  A. 发明专利权的保护范围以其权利要求和说明书的内容为准,说明书附图可以

用于解释权利要求

B. 实用新型专利权的保护范围以其权利要求和说明书为准

C. 外观设计专利权的保护范围以简要说明和图片或者照片为准

D. 外观设计专利权的保护范围以表示在图片或者照片中的该外观设计专利产品为准

【答案】B

【解析】本题考查专利侵权判定、专利保护范围。

《专利法》第 64 条规定，发明或者实用新型专利权的保护范围以其权利要求的内容为准，说明书及附图可以用于解释权利要求的内容。外观设计专利权的保护范围以表示在图片或者照片中的该产品的外观设计为准，简要说明可以用于解释图片或者照片所表示的该产品的外观设计。

《最高人民法院关于审理侵犯专利权纠纷案件应用法律若干问题的解释》第 5 条规定，对于仅在说明书或者附图中描述而在权利要求中未记载的技术方案，权利人在侵犯专利权纠纷案件中将其纳入专利权保护范围的，人民法院不予支持。

第 7 条规定，人民法院判定被诉侵权技术方案是否落入专利权的保护范围，应当审查权利人主张的权利要求所记载的全部技术特征。被诉侵权技术方案包含与权利要求记载的全部技术特征相同或者等同的技术特征的，人民法院应当认定其落入专利权的保护范围；被诉侵权技术方案的技术特征与权利要求记载的全部技术特征相比，缺少权利要求记载的一个以上的技术特征，或者有一个以上技术特征不相同也不等同的，人民法院应当认定其没有落入专利权的保护范围。

4. M 公司拥有一项产品发明专利，其权利要求包括 a、b、c、d 4 个特征，其中 a、b、c 3 个特征属于必要技术特征。未经 M 公司许可，N 公司制造的下列（   ）侵犯 M 公司的专利权。

A. 产品包括特征 a、b、c、f，其中特征 f 是记载在 M 公司专利说明书中的特征

B. 产品包括特征 b、c、d、e

C. 产品包括特征 a、b'、c，其中 b' 与 b 是等同的技术特征

D. 产品包括特征 a、b、c、d、g，其中特征 g 是没有记载在 M 公司专利说明书中的特征

【答案】D

【解析】本题考查专利侵权判定、专利保护范围

《最高人民法院关于审理侵犯专利权纠纷案件应用法律若干问题的解释》第7条规定，人民法院判定被诉侵权技术方案是否落入专利权的保护范围，应当审查权利人主张的权利要求所记载的全部技术特征。被诉侵权技术方案包含与权利要求记载的全部技术特征相同或者等同的技术特征的，人民法院应当认定其落入专利权的保护范围；被诉侵权技术方案的技术特征与权利要求记载的全部技术特征相比，缺少权利要求记载的一个以上的技术特征，或者有一个以上技术特征不相同也不等同的，人民法院应当认定其没有落入专利权的保护范围。

5. 张某于 2004 年 3 月 22 日向国家知识产权局提出了一件有关节水器的发明专利申请，该申请于 2005 年 11 月 25 日公布，2006 年 10 月 27 日被授予专利权。2007 年 1 月 16 日张某将该项专利以独占许可的方式许可李某实施。吴某从国家知识产权局公布的申请文件上了解了该项技术，并于 2006 年 3 月 22 日开始制造与张某专利相同的节水器，2006 年 11 月 10 日停止生产。张某于 2006 年 12 月 1 日才得知吴某曾制造该节水器的事实。下列说法正确的是（　　）。

A. 李某在张某不提起侵权诉讼的情况下，才可以单独向人民法院提起诉讼

B. 对于吴某在 2005 年 11 月 25 日至 2006 年 10 月 27 日之间制造节水器没有支付相应费用的行为，张某向人民法院提起诉讼的时效于 2008 年 10 月 27 日届满

C. 对于吴某在 2006 年 10 月 27 日后实施的侵权行为，张某向人民法院提起诉讼的时效于 2009 年 12 月 1 日届满

D. 如果吴某在 2006 年 10 月 27 日前停止制造节水器，则张某无权要求吴某支付使用费

【答案】C

【解析】本题考查诉讼时效。

《专利法》第13条规定，发明专利申请公布后，申请人可以要求实施其发明的单位或者个人支付适当的费用。

第65条规定，未经专利权人许可，实施其专利，即侵犯其专利权，引起纠纷的，由当事人协商解决；不愿协商或者协商不成的，专利权人或者利害关系人可以向人民法院起诉，也可以请求管理专利工作的部门处理。管理专利工作的部门处理

时，认定侵权行为成立的，可以责令侵权人立即停止侵权行为，当事人不服的，可以自收到处理通知之日起15日内依照《行政诉讼法》向人民法院起诉；侵权人期满不起诉又不停止侵权行为的，管理专利工作的部门可以申请人民法院强制执行。进行处理的管理专利工作的部门应当事人的请求，可以就侵犯专利权的赔偿数额进行调解；调解不成的，当事人可以依照《民事诉讼法》向人民法院起诉。

第74条规定，侵犯专利权的诉讼时效为3年，自专利权人或者利害关系人得知或者应当知道侵权行为以及侵权人之日起计算。发明专利申请公布后至专利权授予前使用该发明未支付适当使用费的，专利权人要求支付使用费的诉讼时效为3年，自专利权人得知或者应当得知他人使用其发明之日起计算，但是，专利权人于专利权授予之日前即已得知或者应当得知的，自专利权授予之日起计算。

6. 廖某于2002年11月1日提出了发明专利申请，该申请于2004年6月1日公布，并于2005年9月1日被公告授予专利权。甲公司在未获得廖某同意的情况下，从2004年8月1日开始使用廖某的技术方案。廖某于2005年3月1日得知了甲公司的行为，并立即发函要求甲公司支付使用费，但甲公司对此置之不理。如果廖某欲针对甲公司在专利授权前的行为提起诉讼，则有关的诉讼时效自（　　）起计算。

A. 2004年6月1日　　　　　　B. 2004年8月1日
C. 2005年3月1日　　　　　　D. 2005年9月1日

【答案】D

【解析】本题考查诉讼时效。

《专利法》第13条规定，发明专利申请公布后，申请人可以要求实施其发明的单位或者个人支付适当的费用。

第74条规定，侵犯专利权的诉讼时效为3年，自专利权人或者利害关系人得知或者应当知道侵权行为以及侵权人之日起计算。发明专利申请公布后至专利权授予前使用该发明未支付适当使用费的，专利权人要求支付使用费的诉讼时效为3年，自专利权人得知或者应当得知他人使用其发明之日起计算，但是，专利权人于专利权授予之日前即已得知或者应当得知的，自专利权授予之日起计算。

7. 下列关于外观设计专利侵权判断的说法错误的是（　　）。

A. 在与外观设计专利产品相同或者相近种类产品上，采用与授权外观设计相同

或者近似的外观设计，应当认定被诉侵权设计落入外观设计专利权的保护范围

B. 应当根据外观设计产品的用途，认定产品种类是否相同或者相近似

C. 确定产品的用途时，可以参考外观设计的简要说明、国际外观设计分类表、产品的功能以及产品销售、实际使用的情况等因素

D. 应当以外观设计专利产品的一般消费者的知识水平和认知能力，判断外观设计是否相同或者近似

E. 应当以外观设计专利产品的本领域的技术人员的知识水平和认知能力，判断外观设计是否相同或者近似

【答案】E

【解析】本题考查专利侵权的判定原则。

《最高人民法院关于审理侵犯专利权纠纷案件应用法律若干问题的解释》第8条规定，在与外观设计专利产品相同或者相近种类产品上，采用与授权外观设计相同或者近似的外观设计的，人民法院应当认定被诉侵权设计落入《专利法》第59条第2款规定的外观设计专利权的保护范围。

第9条规定，人民法院应当根据外观设计产品的用途，认定产品种类是否相同或者相近。确定产品的用途，可以参考外观设计的简要说明、国际外观设计分类表、产品的功能以及产品销售、实际使用的情况等因素。

第10条规定，人民法院应当以外观设计专利产品的一般消费者的知识水平和认知能力，判断外观设计是否相同或者近似。

8. 专利权人李某认为何某侵犯了其发明专利权，向人民法院提出诉前责令停止侵犯专利权行为的申请。下列说法正确的是（　　）。

A. 李某在提出申请时，应当提交专利证书、权利要求书和说明书

B. 人民法院作出诉前停止侵犯专利权行为的裁定事项，应当限于李某的请求范围

C. 如果何某提出反担保，则应当解除停止侵犯专利权行为裁定所采取的措施

D. 利害关系人应当提供有关实施许可合同

【答案】B

【解析】本题考查诉前责令停止侵犯专利权。

《最高人民法院关于对诉前停止侵犯专利权行为适用法律问题的若干规定》第4条规定，申请人提出申请时，应当提交下列证据：（1）专利权人应当提交证明其专利权真实有效的文件，包括专利证书、权利要求书、说明书、专利年费交纳凭证。提出的申请涉及实用新型专利的，申请人应当提交国务院专利行政部门出具的检索报告。（2）利害关系人应当提供有关专利实施许可合同及其在国务院专利行政部门备案的证明材料，未经备案的应当提交专利权人的证明，或者证明其享有权利的其他证据。排他实施许可合同的被许可人单独提出申请的，应当提交专利权人放弃申请的证明材料。专利财产权利的继承人应当提交已经继承或者正在继承的证据材料。（3）提交证明被申请人正在实施或者即将实施侵犯其专利权的行为的证据，包括被控侵权产品以及专利技术与被控侵权产品技术特征对比材料等。

第5条规定，人民法院作出诉前停止侵犯专利权行为的裁定事项，应当限于专利权人或者利害关系人申请的范围。

第8条规定，停止侵犯专利权行为裁定所采取的措施，不因被申请人提出反担保而解除。

9. 被指控侵权的被告在（　　）情况下应当提供其产品制造方法不同于专利方法的证明。

A. 专利侵权纠纷涉及方法发明专利的

B. 专利侵权纠纷涉及制造方法发明专利的

C. 专利侵权纠纷涉及新产品制造方法的发明专利的

D. 专利侵权纠纷涉及已知产品制造方法的发明专利的

【答案】C

【解析】本题考查专利侵权中的举证倒置。

《专利法》第66条规定，专利侵权纠纷涉及新产品制造方法的发明专利的，制造同样产品的单位或者个人应当提供其产品制造方法不同于专利方法的证明。

10. 甲公司是"节水阀"的实用新型专利权人。乙公司从丙公司处购买了与甲公司专利产品相同的节水阀并装配在自己生产的喷头上，但乙公司事先并不知道该车轮是未经甲公司许可而制造并售出的。下列说法错误的是（　　）。

A. 由于乙公司事先并不知道该车轮是未经甲公司许可而制造并售出的，所以乙

公司的行为不构成侵权

B. 尽管乙公司主观上没有过错，但其行为仍构成侵权

C. 由于乙公司事先并不知道该车轮是未经甲公司许可而制造并售出的，如果其能提供购买该车轮的合法来源，则无需承担赔偿责任

D. 乙公司应当停止在其生产的喷头上继续装配从丙公司处购买的车轮的行为

【答案】A

【解析】本题考查侵犯专利权的法律责任。

《专利法》第11条规定，发明和实用新型专利权被授予后，除本法另有规定的以外，任何单位或者个人未经专利权人许可，都不得实施其专利，即不得为生产经营目的制造、使用、许诺销售、销售、进口其专利产品，或者使用其专利方法以及使用、许诺销售、销售、进口依照该专利方法直接获得的产品。

第65条规定，未经专利权人许可，实施其专利，即侵犯其专利权，引起纠纷的，由当事人协商解决；不愿协商或者协商不成的，专利权人或者利害关系人可以向人民法院起诉，也可以请求管理专利工作的部门处理。管理专利工作的部门处理时，认定侵权行为成立的，可以责令侵权人立即停止侵权行为，当事人不服的，可以自收到处理通知之日起15日内依照《行政诉讼法》向人民法院起诉；侵权人期满不起诉又不停止侵权行为的，管理专利工作的部门可以申请人民法院强制执行。进行处理的管理专利工作的部门应当事人的请求，可以就侵犯专利权的赔偿数额进行调解；调解不成的，当事人可以依照《民事诉讼法》向人民法院起诉。

第77条规定，为生产经营目的使用、许诺销售或者销售不知道是未经专利权人许可而制造并售出的专利侵权产品，能证明该产品合法来源的，不承担赔偿责任。

11. 甲拥有一项节水阀的发明专利权，乙未经甲的许可制造了该节水阀，用于为自己的客户加工零部件，同时将部分节水阀对外销售；丙不知道该节水阀为侵权产品，以合理价格购买了该节水阀用于企业的生产。下列说法错误的是（　　）。

A. 乙制造该节水阀供自己使用的行为侵犯甲的专利权

B. 丙使用该节水阀侵犯了甲的专利权

C. 丙能证明其采购节水阀的合法来源，无需承担赔偿责任

D. 法院根据甲的请求，应当判令乙、丙立即停止使用该节水阀

【答案】D

【解析】本题考查侵犯专利权的法律责任。

《专利法》第 11 条规定，发明和实用新型专利权被授予后，除本法另有规定的以外，任何单位或者个人未经专利权人许可，都不得实施其专利，即不得为生产经营目的制造、使用、许诺销售、销售、进口其专利产品，或者使用其专利方法以及使用、许诺销售、销售、进口依照该专利方法直接获得的产品。外观设计专利权被授予后，任何单位或者个人未经专利权人许可，都不得实施其专利，即不得为生产经营目的制造、许诺销售、销售、进口其外观设计专利产品。

第 77 条规定，为生产经营目的使用、许诺销售或者销售不知道是未经专利权人许可而制造并售出的专利侵权产品，能证明该产品合法来源的，不承担赔偿责任。

《最高人民法院关于审理侵犯专利权纠纷案件应用法律若干问题的解释（二）》第 25 条规定，为生产经营目的使用、许诺销售或者销售不知道是未经专利权人许可而制造并售出的专利侵权产品，且举证证明该产品合法来源的，对于权利人请求停止上述使用、许诺销售、销售行为的主张，人民法院应予支持，但被诉侵权产品的使用者举证证明其已支付该产品的合理对价的除外。本条第 1 款所称不知道，是指实际不知道且不应当知道。本条第 1 款所称合法来源，是指通过合法的销售渠道、通常的买卖合同等正常商业方式取得产品。对于合法来源，使用者、许诺销售者或者销售者应当提供符合交易习惯的相关证据。

12. M 公司于 2007 年 5 月就一种新型节水阀提出了发明专利申请，该申请于 2008 年 12 月 4 日公布。N 公司于 2007 年 9 月自行研制了同样的节水阀，并于同年 10 月正式批量生产。2009 年 10 月 16 日，M 公司的申请被公告授予专利权，此时，N 公司仍保持原有的规模生产该种节水阀。下列说法正确的是（ ）。

A. N 公司的行为不视为侵犯 M 公司的专利权

B. M 公司可以就 N 公司 2008 年 12 月 4 日至 2009 年 10 月 16 日之间的生产行为要求其支付适当的费用

C. 由于 N 公司在 M 公司的专利申请公布之前已进行了批量生产，故 M 公司的专利权应当被宣告无效

D. M 公司可以就 N 公司在 2007 年 9 月后的生产行为向人民法院起诉

【答案】B

【解析】本题考查专利侵权和发明的临时保护。

《专利法》第11条规定，发明和实用新型专利权被授予后，除本法另有规定的以外，任何单位或者个人未经专利权人许可，都不得实施其专利，即不得为生产经营目的制造、使用、许诺销售、销售、进口其专利产品，或者使用其专利方法以及使用、许诺销售、销售、进口依照该专利方法直接获得的产品。

第13条规定，发明专利申请公布后，申请人可以要求实施其发明的单位或者个人支付适当的费用。

第65条规定，未经专利权人许可，实施其专利，即侵犯其专利权……

第74条规定，侵犯专利权的诉讼时效为3年，自专利权人或者利害关系人得知或者应当知道侵权行为以及侵权人之日起计算。发明专利申请公布后至专利权授予前使用该发明未支付适当使用费的，专利权人要求支付使用费的诉讼时效为3年，自专利权人知道或者应当知道他人使用其发明之日起计算，但是，专利权人于专利权授予之日前即已知道或者应当知道的，自专利权授予之日起计算。

第75条规定，有下列情形之一的，不视为侵犯专利权：（1）专利产品或者依照专利方法直接获得的产品，由专利权人或者经其许可的单位、个人售出后，使用、许诺销售、销售、进口该产品的；（2）在专利申请日前已经制造相同产品、使用相同方法或者已经作好制造、使用的必要准备，并且仅在原有范围内继续制造、使用的；（3）临时通过中国领陆、领水、领空的外国运输工具，依照其所属国同中国签订的协议或者共同参加的国际条约，或者依照互惠原则，为运输工具自身需要而在其装置和设备中使用有关专利的；（4）专为科学研究和实验而使用有关专利的；（5）为提供行政审批所需要的信息，制造、使用、进口专利药品或者专利医疗器械的，以及专门为其制造、进口专利药品或者专利医疗器械的。

《专利法实施细则》第65条规定，依照专利法第45条的规定，请求宣告专利权无效或者部分无效的，应当向专利复审委员会（现复审和无效审理部）提交专利权无效宣告请求书和必要的证据一式两份。无效宣告请求书应当结合提交的所有证据，具体说明无效宣告请求的理由，并指明每项理由所依据的证据。前款所称无效宣告请求的理由，是指被授予专利的发明创造不符合专利法第2条、第20条第1款、第22条、第23条、第26条第3款和第4款、第27条第2款、第33条或者本细则第20条第2款、第43条第1款的规定，或者属于专利法第5条、第25条的规定，或者依照专利法第9条规定不能取得专利权。

(二) 多项选择题

1. 关于权利要求是否得到说明书的支持，下列说法错误的有（　　　）。
   A. 纯功能性的权利要求必然得不到说明书的支持
   B. 独立权利要求得到说明书的支持，其从属权利要求必然得到说明书的支持
   C. 权利要求的技术方案在说明书中存在一致性的表述，则该权利要求必然得到说明书的支持
   D. 产品权利要求得到说明书的支持，则制备该产品的方法权利要求也必然得到说明书的支持
   E. 在判断权利要求是否得到说明书的支持时，应当考虑说明书的全部内容，而不是仅限于具体实施方式部分的内容

【答案】B C

【解析】本题考查权利要求书是否得到说明书支持。

《专利审查指南（2010）》第二部分第二章 3.2.1 规定，此外，如果说明书中仅以含糊的方式描述了其他替代方式也可能适用，但对所属技术领域的技术人员来说，并不清楚这些替代方式是什么或者怎样应用这些替代方式，则权利要求中的功能性限定也是不允许的。另外，纯功能性的权利要求得不到说明书的支持，因而也是不允许的。

在判断权利要求是否得到说明书的支持时，应当考虑说明书的全部内容，而不是仅限于具体实施方式部分的内容。如果说明书的其他部分也记载了有关具体实施方式或实施例的内容，从说明书的全部内容来看，能说明权利要求的概括是适当的，则应当认为权利要求得到了说明书的支持。

对于包括独立权利要求和从属权利要求或者不同类型权利要求的权利要求书，需要逐一判断各项权利要求是否都得到了说明书的支持。独立权利要求得到说明书支持并不意味着从属权利要求也必然得到支持；方法权利要求得到说明书支持也并不意味着产品权利要求必然得到支持。

当要求保护的技术方案的部分或全部内容在原始申请的权利要求书中已经记载而在说明书中没有记载时，允许申请人将其补入说明书。但是权利要求的技术方案在说明书中存在一致性的表述，并不意味着权利要求必然得到说明书的支持。只有当所属技术领域的技术人员能够从说明书充分公开的内容中得到或概括得出该项权

利要求所要求保护的技术方案时，记载该技术方案的权利要求才被认为得到了说明书的支持。

2. 下列情形将导致说明书不能满足充分公开发明的要求有（　　）。

A. 一项装置发明，说明书中记载了该装置的结构及4种组装方法，其中3种方法都不能够组装出所述装置

B. 一项组合物发明，其中一种组分是公知产品，但使用效果不佳，不及采用发明人制备的该组分，说明书中未记载发明人制备该组分的方法

C. 一项生产方法发明，其中一项工艺参数对于产品性能较为重要，但说明书中未提及该参数，不掌握该参数就不能使用该方法

D. 一项新化合物发明，说明书摘要中记载了该产品的用途及效果，但说明书中未记载该产品的用途及效果

E. 一项已知化合物的新用途发明，通常情况下，需要在说明书中给出实验数据来证实其所述的用途及效果

【答案】A B E

【解析】本题考查说明书公开充分。

《专利法》第26条规定：说明书应当对发明或者实用新型作出清楚、完整的说明，以所属技术领域的技术人员能够实现为准；必要的时候，应当有附图。摘要应当简要说明发明或者实用新型的技术要点。

《专利审查指南（2010）》第一部分第二章7.2规定，所属技术领域的技术人员能够实现，是指所属技术领域的技术人员按照说明书记载的内容，就能够实现该实用新型的技术方案，解决其技术问题，并且产生预期的技术效果。

《专利审查指南（2010）》第二部分第二章2.1.3规定，对于已知化合物的新用途发明，通常情况下，需要在说明书中给出实验证据来证实其所述的用途以及效果，否则将无法达到能够实现的要求。第二章2.4规定，摘要的内容不属于发明或者实用新型原始记载的内容，不能作为以后修改说明书或者权利要求书的根据，也不能用来解释专利权的保护范围。

3. 下列写入外观设计专利申请简要说明中的内容错误的有（　　）。

A. 外观设计产品名称是桌子　　　　B. 产品内部设有制冷装置

C. 省略仰视图 D. 本外观设计的形状是设计要点

E. 设计要点在于产品外形美观

【答案】B E

【解析】本题考查外观设计专利申请的简要说明。

《专利法实施细则》第 28 条规定，外观设计的简要说明应当写明外观设计产品的名称、用途，外观设计的设计要点，并指定一幅最能表明设计要点的图片或者照片。省略视图或者请求保护色彩的，应当在简要说明中写明。

简要说明不得使用商业性宣传用语，也不能用来说明产品的性能。

4. 下列外观设计专利申请简要说明中的内容不符合相关规定的有（　　）。

A. 外观设计产品的名称为"节油发动机"

B. 外观设计产品是一种用来绞肉的电器，热效率高、省电

C. 设计要点在于产品表面的图案赏心悦目

D. 指定主视图和俯视图用于出版专利公报

E. 省略左视图

【答案】A B C D

【解析】本题考查外观设计的简要说明。

《专利审查指南（2010）》第一部分第三章 4.1.1 规定，产品名称通常还应当避免下列情形：……（3）描述技术效果、内部构造的名称，例如"节油发动机""人体增高鞋垫""装有新型发动机的汽车"等。第三章 4.3 规定，（3）外观设计的设计要点。设计要点是指与现有设计相区别的产品的形状、图案及其结合，或者色彩与形状、图案的结合，或者部位。对设计要点的描述应当简明扼要。（4）指定一幅最能表明设计要点的图片或者照片。指定的图片或者照片用于出版专利公报。

《专利法实施细则》第 28 条规定，外观设计的简要说明应当写明外观设计产品的名称、用途，外观设计的设计要点，并指定一幅最能表明设计要点的图片或者照片。省略视图或者请求保护色彩的，应当在简要说明中写明。对同一产品的多项相似外观设计提出一件外观设计专利申请的，应当在简要说明中指定其中一项作为基本设计。简要说明不得使用商业性宣传用语，也不能用来说明产品的性能。

5. 下列有关外观设计专利申请的说法正确的有（ ）。

A. 申请外观设计专利时，只需提交该外观设计的图片或照片

B. 在简要说明中应当写明设计要点

C. 外观设计专利申请人自申请日起 3 个月内，可以对简要说明提出主动修改

D. 在侵权判断过程中，简要说明可以用于解释图片或者照片所表示的该产品的外观设计

E. 指定两幅图用于出版专利公报

【答案】B D

【解析】本题考查外观设计的简要说明。

《专利法》第 27 条规定，申请外观设计专利的，应当提交请求书、该外观设计的图片或者照片以及对该外观设计的简要说明等文件。申请人提交的有关图片或者照片应当清楚地显示要求专利保护的产品的外观设计。

第 64 条规定，外观设计专利权的保护范围以表示在图片或者照片中的该产品的外观设计为准，简要说明可以用于解释图片或者照片所表示的该产品的外观设计。

《专利审查指南（2010）》第一部分第三章 4.3 规定，设计要点是指与现有设计相区别的产品的形状、图案及其结合，或者色彩与形状、图案的结合，或者部位。对设计要点的描述应当简明扼要。

《专利法实施细则》第 28 条规定，外观设计的简要说明应当写明外观设计产品的名称、用途，外观设计的设计要点，并指定一幅最能表明设计要点的图片或者照片。省略视图或者请求保护色彩的，应当在简要说明中写明。第 51 条规定，实用新型或者外观设计专利申请人自申请日起 2 个月内，可以对实用新型或者外观设计专利申请主动提出修改。

6. 张某拥有某产品实用新型专利权，其向法院起诉李某制造的产品侵犯自己的专利权，以下可以作为李某不侵权抗辩的理由有（ ）。

A. 李某用于制造某产品的设备是以合理价格从他人手中购买的

B. 李某在张某申请专利之前自行完成了研发并开始制造某产品

C. 李某就其所制造的产品拥有自己的专利权

D. 李某有证据表明其生产的某产品属于现有技术

E. 李某用于制造某产品的设备有正规发票

【答案】ＢＤ

【解析】本题考查侵犯专利权的情形。

《专利法》第67条规定，在专利侵权纠纷中，被控侵权人有证据证明其实施的技术或者设计属于现有技术或者现有设计的，不构成侵犯专利权。

第75条规定，有下列情形之一的，不视为侵犯专利权：(1) 专利产品或者依照专利方法直接获得的产品，由专利权人或者经其许可的单位、个人售出后，使用、许诺销售、销售、进口该产品的；(2) 在专利申请日前已经制造相同产品、使用相同方法或者已经作好制造、使用的必要准备，并且仅在原有范围内继续制造、使用的；(3) 临时通过中国领陆、领水、领空的外国运输工具，依照其所属国同中国签订的协议或者共同参加的国际条约，或者依照互惠原则，为运输工具自身需要而在其装置和设备中使用有关专利的；(4) 专为科学研究和实验而使用有关专利的；(5) 为提供行政审批所需要的信息，制造、使用、进口专利药品或者专利医疗器械的，以及专门为其制造、进口专利药品或者专利医疗器械的。

7. A公司就一项桌子技术方案于2011年6月10日提出实用新型专利申请并于2011年9月29日获得授权。B公司2011年8月15日自行研制出了相同的桌子，于2011年9月29日前完成了生产制造的准备。未经A公司许可，B公司于2011年10月开始制造该桌子，并通过C公司销售给了D公司使用。下列说法正确的有（　　）。

A. B公司的制造行为侵犯A公司的专利权

B. B公司在专利授权前已经做好了生产制造的准备，其制造行为不侵犯A公司的专利权

C. C公司的销售行为侵犯A公司的专利权

D. D公司能证明其产品的合法来源，其使用行为不侵犯A公司的专利权

E. D公司能证明其产品的合法来源，其使用行为不承担赔偿责任

【答案】ＡＣＥ

【解析】本题考查专利侵权行为。

《专利法》第11条规定，发明和实用新型专利权被授予后，除本法另有规定的以外，任何单位或者个人未经专利权人许可，都不得实施其专利，即不得为生产经营目的制造、使用、许诺销售、销售、进口其专利产品，或者使用其专利方法以及使用、许诺销售、销售、进口依照该专利方法直接获得的产品。外观设计专利权被

授予后，任何单位或者个人未经专利权人许可，都不得实施其专利，即不得为生产经营目的制造、许诺销售、销售、进口其外观设计专利产品。

第65条规定，未经专利权人许可，实施其专利，即侵犯其专利权……

第75条规定，有下列情形之一的，不视为侵犯专利权：……（2）在专利申请日前已经制造相同产品、使用相同方法或者已经作好制造、使用的必要准备，并且仅在原有范围内继续制造、使用的。

第77条规定，为生产经营目的使用、许诺销售或者销售不知道是未经专利权人许可而制造并售出的专利侵权产品，能证明该产品合法来源的，不承担赔偿责任。

8. 下列未经专利权人许可的行为构成了侵犯专利权的行为有（　　）。
A. 某研究院使用专利方法制造了扩音设备用于教学
B. 某热水器制造厂将实用新型专利产品用作热水器内部零部件
C. 某缝纫机厂将外观设计专利产品用作缝纫机内部不可见的零部件
D. 某药厂为药品上市提供行政审批所需要的信息而制造了专利药品
E. 某药厂为药品上市提供行政审批所需要的信息而进口了专利药品

【答案】A B

【解析】本题考查侵权行为的判定。

《专利法》第11条规定，发明和实用新型专利权被授予后，除本法另有规定的以外，任何单位或者个人未经专利权人许可，都不得实施其专利，即不得为生产经营目的制造、使用、许诺销售、销售、进口其专利产品，或者使用其专利方法以及使用、许诺销售、销售、进口依照该专利方法直接获得的产品。

第75条规定，有下列情形之一的，不视为侵犯专利权：……（5）为提供行政审批所需要的信息，制造、使用、进口专利药品或者专利医疗器械的，以及专门为其制造、进口专利药品或者专利医疗器械的。

《最高人民法院关于审理侵犯专利权纠纷案件应用法律若干问题的解释》第12条规定，将侵犯发明或者实用新型专利权的产品作为零部件，制造另一产品的，人民法院应当认定属于《专利法》第11条规定的使用行为；销售该另一产品的，人民法院应当认定属于《专利法》第11条规定的销售行为。将侵犯外观设计专利权的产品作为零部件，制造另一产品并销售的，人民法院应当认定属于《专利法》第11条规定的销售行为，但侵犯外观设计专利权的产品在该另一产品中仅具有技术功能的除外。

9. 专利权人李某发现王某未经许可而实施其专利,遂向人民法院起诉。王某以其实施的技术方案属于现有技术因而该专利权应当无效为由进行抗辩,并提供了充足的证据。下列说法正确的有( )。

　　A. 人民法院应当就该专利权是否有效进行审理

　　B. 人民法院应当中止诉讼,告知王某向复审和无效审理部请求宣告该专利权无效

　　C. 人民法院认定王某实施的技术方案为现有技术的,可以直接判决王某不侵权

　　D. 人民法院认定王某实施的技术方案为现有技术的,可以直接宣告该专利权无效

　　E. 复审和无效审理部应当就该专利权是否有效进行审理

【答案】C E

【解析】本题考查现有技术抗辩、专利权无效。

《专利法》第45条规定,自国务院专利行政部门公告授予专利权之日起,任何单位或者个人认为该专利权的授予不符合本法有关规定的,可以请求国务院专利行政部门宣告该专利权无效。

第67条规定,在专利侵权纠纷中,被控侵权人有证据证明其实施的技术或者设计属于现有技术或者现有设计的,不构成侵犯专利权。

《最高人民法院关于审理专利纠纷案件适用法律问题的若干规定》第9条规定,人民法院受理的侵犯实用新型、外观设计专利权纠纷案件,被告在答辩期间内请求宣告该项专利权无效的,人民法院应当中止诉讼,但具备下列情形之一的,可以不中止诉讼:(1)原告出具的检索报告或者专利权评价报告未发现导致实用新型或者外观设计专利权无效的事由的;(2)被告提供的证据足以证明其使用的技术已经公知的;(3)被告请求宣告该项专利权无效所提供的证据或者依据的理由明显不充分的;(4)人民法院认为不应当中止诉讼的其他情形。

10. 下列关于专利侵权纠纷解决的说法正确的有( )。

　　A. 当事人可以协商解决

　　B. 专利权人可以请求管理专利工作的部门处理

　　C. 专利权人可以直接就专利侵权纠纷向人民法院提起民事诉讼

　　D. 当事人对管理专利工作的部门作出的责令停止侵权的决定不服的,可以向人

民法院提起行政诉讼

E. 应当事人的请求，管理专利工作的部门不可以就侵犯专利权的赔偿数额进行调解

【答案】A B C D

【解析】本题考查专利侵权纠纷的解决途径。

《专利法》第65条规定，未经专利权人许可，实施其专利，即侵犯其专利权，引起纠纷的，由当事人协商解决；不愿协商或者协商不成的，专利权人或者利害关系人可以向人民法院起诉，也可以请求管理专利工作的部门处理。管理专利工作的部门处理时，认定侵权行为成立的，可以责令侵权人立即停止侵权行为，当事人不服的，可以自收到处理通知之日起15日内依照《行政诉讼法》向人民法院起诉；侵权人期满不起诉又不停止侵权行为的，管理专利工作的部门可以申请人民法院强制执行。进行处理的管理专利工作的部门应当事人的请求，可以就侵犯专利权的赔偿数额进行调解；调解不成的，当事人可以依照《民事诉讼法》向人民法院起诉。

（三）案例分析

【案例1】天津市的廖某在一次试验中发现市面上出售的某种洗衣液具有很好的防止鲜花枯萎的功效，于是他将这种洗衣液的新用途申请了专利，并获得了授权。

1. 下列（　　）未经廖某许可的行为侵犯了廖某的专利权。

A. 王某从市面上购买了该种洗衣液用来防止其家中的鲜花枯萎

B. 某花卉种植公司自行配制了该种洗衣液用来防止其出售的鲜花枯萎

C. 某厂在其制造的该种洗衣液包装上注明了该洗衣液具有防止鲜花枯萎的用途

D. 某食品加工厂配制了该洗衣液用来清洗器皿

E. 某食品加工厂配制了该洗衣液用来出售

【答案】B C

【解析】本题考查方法发明专利侵权行为。

《专利法》第11条规定，发明和实用新型专利权被授予后，除本法另有规定的以外，任何单位或者个人未经专利权人许可，都不得实施其专利，即不得为生产经营目的制造、使用、许诺销售、销售、进口其专利产品，或者使用其专利方法以及使用、许诺销售、销售、进口依照该专利方法直接获得的产品。

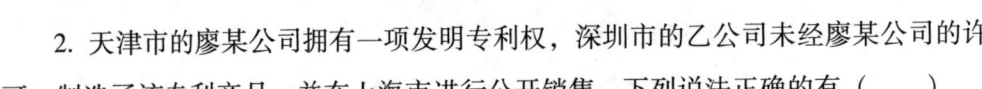

2. 天津市的廖某公司拥有一项发明专利权，深圳市的乙公司未经廖某公司的许可，制造了该专利产品，并在上海市进行公开销售，下列说法正确的有（　　）。

A. 廖某公司可以请求天津市知识产权局进行处理

B. 廖某公司可以请求深圳市知识产权局进行处理

C. 廖某公司不可以请求上海市知识产权局进行处理

D. 廖某公司可以请求国家知识产权局进行处理

【答案】B

【解析】本题考查专利侵权纠纷的管辖。

《专利法实施细则》第81条规定，当事人请求处理专利侵权纠纷或者调解专利纠纷的，由被请求人所在地或者侵权行为地的管理专利工作的部门管辖。两个以上管理专利工作的部门都有管辖权的专利纠纷，当事人可以向其中一个管理专利工作的部门提出请求；当事人向两个以上有管辖权的管理专利工作的部门提出请求的，由最先受理的管理专利工作的部门管辖。管理专利工作的部门对管辖权发生争议的，由其共同的上级人民政府管理专利工作的部门指定管辖；无共同上级人民政府管理专利工作的部门的，由国务院专利行政部门指定管辖。

3. 下列关于管理专利工作的部门处理专利侵权纠纷的说法正确的有（　　）。

A. 管理专利工作的部门应当在收到请求书之日起10个工作日内立案并通知请求人

B. 管理专利工作的部门应当指定3名或者3名以上单数承办人员处理专利侵权纠纷

C. 管理专利工作的部门处理专利侵权纠纷案件时，可以根据当事人的意愿进行调解

D. 管理专利工作的部门处理专利侵权纠纷，应当自立案之日起6个月内结案

E. 管理专利工作的部门处理专利侵权纠纷，应当自立案之日起3个月内结案，经批准延长期限的，最多不超过1个月

【答案】BCE

【解析】本题考查侵权纠纷的处理事项。

《专利行政执法办法》第13条规定，请求符合本办法第10条规定条件的，管理专利工作的部门应当在收到请求书之日起5个工作日内立案并通知请求人，同时

指定 3 名或者 3 名以上单数执法人员处理该专利侵权纠纷；请求不符合本办法第 10 条规定条件的，管理专利工作的部门应当在收到请求书之日起 5 个工作日内通知请求人不予受理，并说明理由。

第 15 条规定，管理专利工作的部门处理专利侵权纠纷案件时，可以根据当事人的意愿进行调解。双方当事人达成一致的，由管理专利工作的部门制作调解协议书，加盖其公章，并由双方当事人签名或者盖章。调解不成的，应当及时作出处理决定。

第 21 条规定，管理专利工作的部门处理专利侵权纠纷，应当自立案之日起 3 个月内结案。案件特别复杂需要延长期限的，应当由管理专利工作的部门负责人批准。经批准延长的期限，最多不超过 1 个月。案件处理过程中的公告、鉴定、中止等时间不计入前款所述案件办理期限。

4. 管理专利工作的部门认定专利侵权行为成立，作出处理决定的，可以采取下列措施制止侵权行为的有（　　）。

A. 侵权人进口专利产品的，责令其立即停止进口行为，侵权产品已经入境的，不得销售、使用该侵权产品

B. 侵权人使用专利方法的，责令其立即停止使用行为，销毁实施专利方法的专用设备、模具

C. 侵权人销售专利产品的，责令其立即停止销售行为，不得使用尚未售出的侵权产品或者以任何其他形式将其投放市场

D. 侵权人许诺销售专利产品的，责令其立即停止许诺销售行为，消除影响，并且不得进行任何实际销售行为

E. 侵权人制造专利产品的，不可以责令其立即停止制造行为，销毁制造侵权产品的专用设备、模具

【答案】A B C D

【解析】本题考查管理专利工作的部门制止侵权行为的措施。

《专利行政执行办法》第 43 条规定，管理专利工作的部门认定专利侵权行为成立，作出处理决定，责令侵权人立即停止侵权行为的，应当采取下列制止侵权行为的措施：（1）侵权人制造专利侵权产品的，责令其立即停止制造行为，销毁制造侵权产品的专用设备、模具，并且不得销售、使用尚未售出的侵权产品或者以任何其他形式将其投放市场；侵权产品难以保存的，责令侵权人销毁该产品；（2）侵权人

未经专利权人许可使用专利方法的,责令侵权人立即停止使用行为,销毁实施专利方法的专用设备、模具,并且不得销售、使用尚未售出的依照专利方法所直接获得的侵权产品或者以任何其他形式将其投放市场;侵权产品难以保存的,责令侵权人销毁该产品;(3)侵权人销售专利侵权产品或者依照专利方法直接获得的侵权产品的,责令其立即停止销售行为,并且不得使用尚未售出的侵权产品或者以任何其他形式将其投放市场;尚未售出的侵权产品难以保存的,责令侵权人销毁该产品;(4)侵权人许诺销售专利侵权产品或者依照专利方法直接获得的侵权产品的,责令其立即停止许诺销售行为,消除影响,并且不得进行任何实际销售行为;(5)侵权人进口专利侵权产品或者依照专利方法直接获得的侵权产品的,责令侵权人立即停止进口行为;侵权产品已经入境的,不得销售、使用该侵权产品或者以任何其他形式将其投放市场;侵权产品难以保存的,责令侵权人销毁该产品;侵权产品尚未入境的,可以将处理决定通知有关海关;(6)责令侵权的参展方采取从展会上撤出侵权展品、销毁或者封存相应的宣传材料、更换或者遮盖相应的展板等撤展措施;(7)停止侵权行为的其他必要措施。

第四章 专利运用

一、知识点

掌握专利运用含义，辨析专利产业化、商品化、金融化、专利竞争性利用和专利情报利用的主要内容，理解专利检索的含义，掌握专利检索式构建的技能，熟悉专利检索的步骤与常用策略，掌握核心专利、重点技术发展线路、技术空白点、技术热点分析方法和技能，掌握专利风险预警的分析方法，熟悉专利许可的含义、类型和法律效力，辨析专利许可合同的主要条款，运用专利许可贸易相关技能，掌握专利转让的含义、条件、程序和操作要点，了解专利开放许可制度，掌握专利质押的含义、模式、流程、常见风险及风险控制机制，熟悉专利保险含义、常见模式、产品种类以及注意事项，掌握专利布局的含义和流程，掌握专利导航含义、类型和流程等。

二、同步练习

（一）单项选择题

1. 关于专利检索的说法，下列错误的是（　　）。

A. 专利检索是指从海量专利信息源中迅速而准确地找出符合特定需要的专利信息或文献线索的方法和过程

B. 专利检索的基本要求是全、准、快、灵

C. 专利检索是对专利信息的简单查找

D. 专利检索是通过提出问题、分析问题、选择检索工具、确定检索途径、选择检索方法从而查获所需信息的复杂过程

【答案】C

【解析】本题考查专利检索的含义。专利检索并非对专利信息的简单查找，而是通过提出问题、分析问题、选择检索工具、确定检索途径、选择检索方法从而查获所需信息的复杂过程。

2. 在专利检索的基本要求中，"灵"是指（   ）。

A. 没有遗漏   B. 有针对性

C. 用时短   D. 灵活使用各类检索要素和检索策略

【答案】D

【解析】本题考查专利检索的含义。专利检索的基本要求是全、准、快、灵。其中，全是指没有遗漏，准是指有针对性，快是指用时短，灵是指灵活使用各类检索要素和检索策略。

3. 在专利检索的"块检索策略"中，块与块之间的检索逻辑是（   ）。

A. "与"   B. "或"   C. "非"   D. 同在运算

【答案】A

【解析】本题考查专利检索常用策略中的"块检索策略"。"块检索策略"是指将检索主题分为几个技术上有意义的检索概念组，针对每一个检索概念组创建一个独立的块，块与块之间使用"与"运算。

4. 关于专利布局，下列说法错误的是（   ）。

A. 在技术萌芽期，主要针对底层技术、基础技术进行专利布局

B. 在技术发展期，主要针对核心、重要的应用技术进行专利布局

C. 在技术成熟期，主要针对相关技术的改进完善和标准化进行专利布局

D. 在技术衰退期，主要针对克服技术制约瓶颈的突破性技术或下一代技术进行专利布局

【答案】B

【解析】本题考查专利布局的时机。由于专利权的时间属性，选择不同的时机申请、公开专利就显得至关重要。技术萌芽期，主要针对底层技术、基础技术进行专利布局；技术发展期，主要针对实现有关功能的应用技术进行专利布局；技术成

熟期，主要针对相关技术的改进完善和标准化进行专利布局；技术衰退期，主要针对克服技术制约瓶颈的突破性技术或下一代技术进行专利布局。

5. 关于专利导航的研究方法，下列说法正确的是（　　）。
   A. 全景分析—定位研究—风险预判—路线图绘制—方向识别
   B. 全景分析—方向识别—定位研究—风险预判—路线图绘制
   C. 方向识别—定位研究—风险预判—路线图绘制—全景分析
   D. 风险预判—路线图绘制—全景分析—方向识别—定位研究

【答案】B

【解析】本题考查专利导航的研究方法。专利导航的研究方法是以专利大数据分析为依托，综合运用专利情报分析、产业竞争分析、市场价值分析手段，结合产业、技术、市场以及龙头企业知识产权战略等多维度情报研究分析，按照全景分析—方向识别—定位研究—风险预判—路线图绘制的基本思路，结合服务对象需求，全面、深入而有针对性地进行综合性情报研究和挖掘分析的方法。

6. 关于专利导航的"发展全景分析"，下列说法正确的是（　　）。
   A. 分析特定区域、特定产业、特定创新主体在相关领域面临的国际国内专利技术发展形势和竞争状况
   B. 分析特定产业技术领域的发展趋势和方向以及可能的发展路径
   C. 分析特定区域、特定产业、特定创新主体在相关领域的专利和技术储备、优劣势以及实力定位
   D. 重点进行特定区域、特定产业、特定创新主体在相关领域可能的发展方向研判以及配套策略、举措、路线图的设计

【答案】A

【解析】本题考查专利导航的研究内容。专利导航的研究内容包括5个方面，其中，"发展全景分析"是分析特定区域、特定产业、特定创新主体在相关领域面临的国际国内专利技术发展形势和竞争状况。

7. 下列对《关于强化知识产权保护的意见》的描述不准确的是（　　）。
   A. 以中央办公厅名义出台的文件

B. 以国务院办公厅名义出台的文件

C. 明确了"十四五"时期做好知识产权工作的总体目标

D. 首次对知识产权运用进行了顶层部署

【答案】D

【解析】本题考查知识产权保护的国家政策。2019年11月24日，中共中央办公厅、国务院办公厅印发《关于强化知识产权保护的意见》，明确"十四五"时期做好知识产权工作的总体目标。国务院发布的《"十三五"国家知识产权保护和运用规划》首次对知识产权运用进行了专题性的顶层部署。

8. 关于专利导航的"发展方向分析"，下列说法正确的是（   ）。

A. 分析特定区域、特定产业、特定创新主体在相关领域面临的国际国内专利技术发展形势和竞争状况

B. 分析特定产业技术领域的发展趋势和方向以及可能发展路径

C. 分析特定区域、特定产业、特定创新主体在相关领域的专利和技术储备、优劣势以及实力定位

D. 重点进行特定区域、特定产业、特定创新主体在相关领域可能的发展方向研判以及配套策略、举措、路线图的设计

【答案】B

【解析】本题考查专利导航的研究内容。专利导航的研究内容包括5个方面，其中，"发展方向分析"是分析特定产业技术领域的发展趋势和方向以及可能发展路径。

9. 一种安全帽成型制造方法，其特征是包含织纱、裁切、贴设预型、模具成型4个步骤，其特征在于织纱，将纱线先行含浸于树脂中并编绕成一长纤维布；裁切依照安全帽规格形状裁切分割；贴设预型是以一充气袋适当充压撑开的球状表面黏贴；模具成型是施予高压充气迫使预浸布服帖并加热硬化成型。该技术主题对应的IPC分类号为A42B 3/00。请问，通过下列检索策略所检索的结果最为全面的是（   ）。

A. A42B 3/00 and（安全帽 or 头盔 or 预浸布 or 充气袋）

B. 安全帽 and 头盔 and 预浸布 and 充气袋

C. A42B 3/00 and 安全帽

D. 安全帽 and 头盔

【答案】A

【解析】题干中提示了关键词和分类号两类检索要素,其中关键词检索要素还可以根据技术特征下位扩展。不能仅考虑一种检索要素的表达,应同时对关键词检索要素进行适当扩展。

10. 关于专利导航的"发展定位分析",下列说法正确的是( )。

A. 分析特定区域、特定产业、特定创新主体在相关领域面临的国际国内专利技术发展形势和竞争状况

B. 分析特定产业技术领域的发展趋势和方向以及可能发展路径

C. 分析特定区域、特定产业、特定创新主体在相关领域的专利和技术储备、优劣势以及实力定位

D. 重点进行特定区域、特定产业、特定创新主体在相关领域可能的发展方向研判以及配套策略、举措、路线图的设计

【答案】C

【解析】本题考查专利导航的研究内容。专利导航的研究内容包括5个方面,其中,"发展定位分析"是分析特定区域、特定产业、特定创新主体在相关领域的专利和技术储备、优劣势以及实力定位。

11. 小张在专利分析时,将某技术领域按专利优先权对全球主要国家和地区进行了统计排序,下列能够最准确地阐述这一分析的目的是( )。

A. 找出该技术领域的主要目标市场

B. 找出该技术领域的主要技术来源国

C. 找出该技术领域的主要申请人

D. 找出该最早涉及技术领域的国家或地区

【答案】B

【解析】专利优先权是指专利申请人就其发明创造第一次在某国提出专利申请后,在法定期限内,又在中国以相同主题的发明创造提出专利申请的,根据有关法律规定,其在后申请以第一次专利申请的日期作为其申请日,专利申请人依法享有

的这种权利，就是优先权。通过专利优先权，可以了解首先提出专利申请的国家和地区，从而了解该技术领域的主要技术来源国。

12. 关于专利导航的"发展风险分析"，下列说法正确的是（　　）。

    A. 分析特定区域、特定产业、特定创新主体在相关领域面临的国际国内专利技术发展形势和竞争状况

    B. 分析特定产业技术领域的发展趋势和方向以及可能发展路径

    C. 筛查、识别、研判和权衡各种发展路径的专利技术壁垒和风险

    D. 重点进行特定区域、特定产业、特定创新主体在相关领域可能的发展方向研判以及配套策略、举措、路线图的设计

【答案】C

【解析】本题考查专利导航的研究内容。专利导航的研究内容包括5个方面，其中，"发展风险分析"是指筛查、识别、研判和权衡各种发展路径的专利技术壁垒和风险。

13. 关于专利导航的"发展路线图分析"，下列说法正确的是（　　）。

    A. 分析特定区域、特定产业、特定创新主体在相关领域面临的国际国内专利技术发展形势和竞争状况

    B. 分析特定产业技术领域的发展趋势和方向以及可能发展路径

    C. 筛查、识别、研判和权衡各种发展路径的专利技术壁垒和风险

    D. 重点进行特定区域、特定产业、特定创新主体在相关领域可能的发展方向研判以及配套策略、举措、路线图的设计

【答案】D

【解析】本题考查专利导航的研究内容。专利导航的研究内容包括5个方面，其中，"发展路线图分析"是指重点进行特定区域、特定产业、特定创新主体在相关领域可能的发展方向研判以及配套策略、举措、路线图的设计。

14. 关于专利检索，下列说法正确的是（　　）。

    A. 检验专利检索的方法是，检索结果是否达到查准率100%，查全率100%

    B. 在专利检索中，检索要素是指关键词和分类号

C. 块检索是检索实践中最广泛使用的一种基本检索策略，也是一种"检准"思路的检索策略

D. 专利检索是指从海量专利信息源中迅速而准确地找出符合特定需要的专利信息或文献线索的方法和过程

【答案】D

【解析】本题考查专利检索与分析。为了确保检索结果的质量，通常会使用"查全率"和"查准率"来验证，但由于检索策略的不确定性以及专利文献数量众多，需要对各类检索要素进行组合，以便在"查全率"和"查准率"之间达到平衡。从专利检索的实际工作来看，"查全率"和"查准率"很难达到100%。检索要素包括很多，例如最常使用的是关键词和分类号，但还包括其他，例如人名、号码、日期、国别地区等非常多的检索要素。块检索是一种"检全"思路的检索策略。

15. 下列选项中不属于从号码角度进行专利检索的信息特征的是（   ）。

A. 申请号　　　B. 专利号　　　C. 分类号　　　D. 文献号

【答案】C

【解析】本题考查专利检索。申请号、专利号、文献号均是号码。专利分类有国际专利分类（IPC）、欧洲专利分类（ECLA）、美国专利分类（CCL）、日本专利分类（FI/F-term）、联合专利分类（CPC）等多种。在专利检索中比较常用的是国际专利分类，但分类号不属于号码。

16. 下列选项是从一份专利侵权律师函中提取出的专利信息线索，（   ）能够简单快捷检索出那件被侵权专利的信息特征。

A. 专利权人：×××股份有限公司

B. 授权公告号：CNnnnnnnnnnB

C. 分类号：GnnBnnn/nnnn，HnnNnnn/nnnnn

D. 发明名称：×××××××

【答案】B

【解析】本题考查专利检索。通过检索入口"专利权人"，可以检索出专利权人的众多专利申请文献，例如检索"华为"，可以得到的专利文献数量众多，需要从

检索结果中筛选某一篇专利文献；某一篇专利文献的授权公告号是唯一的，通过该检索入口，可以一键命中相关专利文献；分类号是更为宽泛的检索要素，某一个特定的分类号下面的专利文献数量众多，仅通过分类号，无法锁定某一篇特定的专利文献；发明名称也不具有唯一性，通过该检索入口，同样无法关联到某一篇特定的专利文献。

17. 下列选项中，关于专利检索逻辑关系表达错误的是（   ）。

A. 检索要素 1 的关键词 AND 检索要素 2 的 IPC 分类号

B. 检索要素 1 的关键词 OR 检索要素 1 的 IPC 分类号

C. 检索要素 1 的 IPC 分类号 OR 检索要素 2 的 IPC 分类号

D. 检索要素 1 的关键词 AND 检索要素 2 的关键词

【答案】C

【解析】本题考查专利检索。块检索是检索实践中应用最广泛的一种基本检索策略。块检索策略是指将检索主题分为几个技术上有意义的检索概念组，针对每一个检索概念组创建一个独立的块，之后将各个块进行组合。对于一个检索要素，完整的块构造模式为"关键词 OR 分类号 OR 其他表达方式"。需要注意的是，不同的表达方式之间使用"或"运算，然后再在块与块之间使用"与"运算，获得最终的检索结果。选项 C 中检索要素 1 与检索要素 2 属于不同的块，两要素之间的运算应使用"与"运算。

18. 关于专利检索，下列说法错误的是（   ）。

A. 检索要素是人们对从被检索对象分析中获得的用于检索的成分的一种称谓

B. 在进行技术角度检索时，检索要素可以用主题词表达，也可以用分类号表达

C. 两个以上检索要素之间要用逻辑"与"符号连接

D. 检索要素 1 的关键词和检索要素 1 的 IPC 分类号由于形式不同，要用逻辑"与"符号连接

【答案】D

【解析】本题考查专利检索。对于一个检索要素，完整的块构造模式为"关键词 OR 分类号 OR 其他表达方式"。也就是说，对于同一个检索要素，不同的表达方式之间使用"或"运算。

19. 以下为国际专利分类表（IPC）的部分节选：

A47H 1/00 悬挂帘的装置

A47H 1/10 ·安装帘架或帘轨的装置

A47H 1/14 ··支撑帘架或帘轨的托架

A47H 1/142 ···支撑帘架用的

A47H 1/144 ···支撑帘轨用的

通过以上国际专利分类表，对"安装支撑帘架托架的装置"进行分类，下列选项中正确的是（　　）。

A. A47H 1/10　　B. A47H 1/14　　C. A47H 1/142　　D. 47H 1/144

【答案】C

【解析】本题考查专利检索。在国际专利分类表中，一点组（·）的分类位置，包含二点组（··）的分类位置；两点组（··）的分类位置，包含三点组（···）的分类位置，以此类推。对"安装支撑帘架托架的装置"，该装置是与"托架"有关的，而且是"支撑帘架"相关的，所以"属于A47H 1/142···支撑帘架用的"这个分类位置。

20. 某电缆企业准备研发一种新产品：供水上作业装置用并可在水中漂浮的电缆。据技术人员介绍，该产品有时被称作可以漂水的电缆、有浮力的电缆。经查在国际专利分类表中，有"浮动电缆"的专门位置，其IPC分类号为H01B 7/12。下列检索提问式符合专利技术主题检索的"尽可能检全"的要求的是（　　）。

A. IPC分类号＝H01B 17/12 and 关键词＝（电缆 and（漂浮 or 漂水 or 浮力））

B. 关键词＝（电缆 and（漂浮 or 漂水 or 浮力 or 浮动））

C. IPC分类号＝H01B 17/12 or 关键词＝（电缆 and（漂浮 or 漂水 or 浮力））

D. IPC分类号＝H01B 17/12 or 关键词＝（电缆 and（漂浮 or 漂水 or 浮力 or 浮动））

【答案】D

【解析】对于一个检索要素，检索模块的构造方式为"关键词 OR 分类号 OR 其他表达方式"，即不同的表达方式之间使用"或"运算。该检索有可以参考的分类号及关键词，因此，对于同一检索要素"浮动电缆"，分类号和关键词之间使用"或"运算，关键词应该尽量全面扩展。

21. 下列选项中不属于专利运用的行为对象的是（ ）。

A. 专利申请　　　B. 失效专利　　　C. 有效专利　　　D. 专利情报

【答案】B

【解析】本题考查专利运用。专利运用的行为对象是专利或专利情报，其中专利包括专利申请、专利权或专利制度；专利情报是基于专利大数据提炼出的支撑各类决策的信息。

（二）多项选择题

1. 下列选项中属于专利运用的有（ ）。

A. 专利许可　　　　　　　　　B. 专利质押融资

C. 专利布局　　　　　　　　　D. 专利保险

E. 专利股权化

【答案】A B D E

【解析】本题考查专利运用的含义。专利运用通常有狭义和广义之分。狭义的专利运用是指能够为行为主体实现直接收益的专利活动，包括专利的自由实施和许可、交易、转让后的他人实施，也可以通过专利的市场化运营及商品化、金融化实现的收益。其中专利的商品化具体体现为专利许可、专利交易、专利转让等交易行为，专利的金融化体现为专利质押融资、专利保险、专利股权化、专利证券化等投融资行为。

2. 下列有关专利运用方式的选项中，属于同一类内容的有（ ）。

A. 专利许可　　　　　　　　　B. 专利自实施

C. 专利转让　　　　　　　　　D. 专利质押

E. 专利交易

【答案】A C E

【解析】本题考查专利运用。专利许可、专利转让、专利交易均属于专利商品化，专利实施属于专利产业化，专利质押属于专利金融化。

3. 在专利分析中，核心专利分析包括（ ）。

A. 专利引文分析　　　　　　　B. 同族专利规模分析

C. 技术关联与聚类分析　　　　　D. 布拉德福文献离散定律的应用

E. 专利引证树线路图分析

【答案】A B C D

【解析】本题考查专利分析。核心专利分析是指通过相关数据进行加工、处理和分析归纳，综合研判筛选出相关技术领域的基础性专利，并对其所蕴含的技术方案、法律内容等进行详细解析的过程。包括4种常见的核心专利分析方法：专利引文分析、同族专利规模分析、技术关联与聚类分析、布拉德福文献离散定律的应用。

4. 在专利分析中，重点技术发展线路分析包括（　　　）。

A. 专利引证树线路图分析　　　　B. 技术发展时间序列图

C. 专利引文分析　　　　　　　　D. 技术关联与聚类分析

E. 布拉德福文献离散定律的应用

【答案】A B

【解析】本题考查专利分析。重点技术发展线路分析是指在分析样本时，进行专利引证率分析或技术内容变化研究，并在此基础上绘制专利引证树或技术发展时间序列图等，用于研判相关技术领域重点技术发展线路。重点技术发展线路分析的方法主要包括专利引证树线路图分析、技术发展时间序列图等。

5. 在专利分析中，专利风险预警的步骤包括（　　　）。

A. 专利技术内涵分析　　　　　　B. 专利竞争格局分析

C. 技术关联与聚类分析　　　　　D. 专利风险的筛查识别

E. 专利风险的等级判定

【答案】A B D E

【解析】本题考查专利分析。专利风险预警的重点是对风险行为进行研判和控制，即从分析与该行为有关的行为主体内部活动和外部环境入手，找出影响风险发生和风险损失的各类因素和相关主体，从而采取适当的应对措施，如停止该行为、调整行为方式或提供其他辅助措施等。一般情况下，专利风险预警的步骤包括专利技术内涵分析、专利竞争格局分析、专利风险的筛查识别、专利风险的等级判定、专利风险应对策略。

6. 关于专利许可，下列说法正确的是（   ）。

A. 专利许可的类型包括：独占许可、排他许可、普通许可、分许可和交叉许可

B. 独占许可，指专利权人许可他人在合同约定的地域、期限和方式的范围内实施其专利技术，也可自行实施该专利技术，但不得另外许可第三方实施该专利技术

C. 排他许可，指专利权人许可他人在合同约定的地域、期限和方式的范围内实施其专利技术，且专利权人既不得另外再向第三方许可实施专利技术，也不得自行再实施该专利技术

D. 交叉许可，指协议双方采用相互许可专利使用权的方式来代替相互支付专利使用费

E. 普通许可，指专利权人许可他人在合同约定的地域、期限和方式的范围内实施其专利技术，且专利权人不仅可以自行实施该专利技术，同时仍有权继续许可第三方实施该专利技术

【答案】A D E

【解析】本题考查专利许可。专利许可的类型包括独占许可、排他许可、普通许可、分许可和交叉许可。独占许可，指专利权人许可他人在合同约定的地域、期限和方式的范围内实施其专利技术，且专利权人既不得另外再向第三方许可实施专利技术，也不得自行再实施该专利技术。排他许可，指专利权人许可他人在合同约定的地域、期限和方式的范围内实施其专利技术，也可自行实施该专利技术，但不得另外许可第三方实施该专利技术。

7. 下列属于专利转让中的合同转让的是（   ）。

A. 专利买卖　　　　　　　B. 专利交换

C. 专利赠与　　　　　　　D. 专利继承

E. 因技术入股而进行专利权的转让

【答案】A B C E

【解析】本题考查专利转让。专利转让共有两种形式：一种是合同转让，如因买卖、交换、赠与、技术入股而进行专利权的转让；另一种是继承转让，这是因法定原因而发生的，当专利权人死亡后，专利权依照继承法的规定而转移给有继承权的人。

8. 在专利检索中，关于检索要素的横向扩展，下列说法正确的是（　　）。

A. 关键词的横向扩展需要考虑相应检索要素的各种别称、俗称、缩略语

B. 关键词的横向扩展需要考虑检索要素向上扩展，延伸到其上位概念

C. 对于分类号而言，横向扩展主要考虑不同类别分类号的相近范围的分类号

D. 对于分类号而言，横向扩展需将分类号延伸至下位或上位的分类号

E. 对于人名要素而言，横向扩展的方式主要是考虑简称、全称以及中英文的不同表达方式等

【答案】A C E

【解析】本题考查专利检索式的构建。对于关键词检索要素而言，横向扩展是指从检索要素词义的角度进行扩展，一般需要考虑相应检索要素的各种别称、俗称、缩略语、同义词、近义词甚至是反义词。纵向扩展包括从一个检索要素向上扩展，延伸到其上位概念。对于分类号检索要素而言，其横向扩展主要是考虑不同类别分类号的相近范围的分类号，纵向扩展是将其延伸至下位或上位范围的分类号。

9. 在检索有关 LED 芯片的外国专利信息时，下列途径正确的是（　　）。

A. 查找"LED 芯片"主题词对应的英文主题词，用英文词进行检索

B. 查找国外有关公司名称，包括公司简称、全称、子公司等，用这些"国外有关公司"的名称组合进行查找

C. 用"LED 芯片"的中文主题词查出一些中国专利文献，找出对应的 IPC 分类号和主要技术来源国家或区域，用"IPC 分类号"and"国家或区域名称"组合进行查找

D. 将"LED 芯片"纵向向上扩展至发光器件，横向扩展至发光二极管、芯片等主题词，查出对应的英文主题词，用英文词进行检索

E. 查找"LED 芯片"主题词，检索出来的结果即符合了"检全"的要求

【答案】A B C D

【解析】本题考查专利检索。选项 A、B、C、D 均为常用的专利检索手段和策略。选项 E 应该对主题词进行扩展，并结合其他检索要素才能满足尽量"检全"的要求。

10. 在专利检索中，关于检索要素的纵向扩展，下列说法正确的是（　　）。

A. 关键词的纵向扩展是指考虑关键词的同义词、近义词甚至是反义词

B. 在检索中,从"电机"扩展到其上位概念"传动装置"或"传动单元",属于关键词的纵向扩展

C. 对于分类号而言,纵向扩展主要是考虑不同类别分类号的相近范围的分类号

D. 对于分类号而言,纵向扩展需将分类号延伸至下位或上位的分类号

E. 关键词的纵向扩展包括从一个检索要素向上扩展,延伸到其上位概念

【答案】BDE

【解析】本题考查专利检索要素的扩展。对于关键词检索要素而言,纵向扩展包括从一个检索要素向上扩展,延伸到其上位概念。对于分类号检索要素而言,纵向扩展的方式是将其延伸至下位或上位分类号。

11. 专利金融化的表现形式包括(　　)。

A. 专利转让　　　　　　　B. 专利质押

C. 专利保险　　　　　　　D. 专利股权化

E. 专利证券化

【答案】BCDE

【解析】本题考查专利金融化的含义。专利金融化是专利运用的重要内容,主要包括专利质押、专利保险、专利股权化、专利证券化等表现形式。

12. 下面专利风险等级为高风险等级的是(　　)。

选项	研究对象的产品或方法	相关专利的产品或方法	比较过程
A	A+B+C	A+B+C	技术特征完全相同
B	A+B	A+B+C	产品或方法比相关专利减少一项或一项以上的技术特征
C	A+B+E	A+B+C	C和E确定具有实质性区别
D	A+B+C+D	A+B+C	产品或方法比相关专利增加一项或一项以上的技术特征
E	A+B+D	A+B+C	C和D可能具有非实质性区别

【答案】AD

【解析】本题考查专利侵权判定。研究对象的产品或方法与相关专利的产品或方法,技术特征完全相同,因此存在侵权高风险。研究对象的产品或方法有A、B、C、D四个技术特征,相比相关专利的产品或方法的A、B、C三个技术特征,增加了一项技术特征,属于相比相关专利的产品或方法的子集,因此存在侵权高风险。

13. 专利质押常见的风险有（　　）。

A. 法律风险　　　　　　　　B. 经济风险

C. 变现风险　　　　　　　　D. 价值评估风险

E. 专利无效风险

【答案】A B C

【解析】本题考查专利质押常见的风险。专利质押常见的风险主要有法律风险、经济风险、变现风险。对于权利人来说，专利产生价值的前提是专利权的稳定性，权利人必须要无瑕疵地拥有相关的权利。专利的价值存在较大的波动性，因此对于质权人来说，根据专利现值的评估结果接受该项专利作为融资担保时，就要承担可能导致该项专利预期价值下降的经济风险。有些专利除了能给权利人提供担保外，由于专利指向性过强而在市场上的流通性很低，变现困难，很难达成交易。

14. 在专利质押实践中，常见的风险控制机制有（　　）。

A. 保证资产收购价格机制　　　　B. 联合担保机制

C. 专利质押反担保机制　　　　　D. 风险补偿机制

E. 专利保险机制

【答案】A B C D

【解析】本题考查专利质押的风险控制机制。为降低专利质押的高成本和金融机构面临的高风险，目前，在专利质押实践中，常见的风险控制机制包括：（1）保证资产收购价格机制，是指当企业向金融机构提出专利质押融资请求时，信用担保机构或专利质押担保机构作出承诺，保证专利质押到期时，由该机构用预定的价格予以收购的方式；（2）联合担保机制，我国一些金融机构在已开展的专利质押贷款业务中，采用了资产评估机构、律师事务所和质押人三方联合担保制度；（3）专利质押反担保机制，是对信用担保贷款的一种反担保方式，当企业在向金融机构提出贷款请求时，由信用担保机构给予信用担保，当企业到期不能偿债时，由信用担保机构承担补偿担保责任；（4）风险补偿机制，是指设立一个专项基金，当金融机构发放专利质押贷款到期后企业未能还款，通过处置质押品不能完全实现其债权时，由专项基金给予未实现债权的款项补偿。

15. 近年来，我国专利保险的典型模式包括（　　）。

A. 政府统保模式　　　　　　　　B. 政银保模式

C. 专利保险合作社模式　　　　　D. 政融保模式

E. 专利池模式

【答案】A B D

【解析】本题考查专利保险的模式。近年来，国家知识产权局按照"政府引导、商业对接、专业运作"的总体工作模式，形成了政府统保模式、政银保模式、政融保模式3种典型模式。专利保险的政府统保模式是指保险公司根据政府需求设计有针对性的产品方案，由政府通过购买服务等多种方式为企业购买的专利保险买单。政银保模式是指采取政府主导，政府、银行和保险公司三方共同承担风险和市场化运作的实施方式。政融保模式是指采取政府主导，通过保险资金投放和拉动其他金融机构资金投放的方式帮助拥有优质专利的企业进行融资的模式。

16. 专利导航的研究内容包括（　　）。

A. 发展布局分析　　　　　　　　B. 发展方向分析

C. 发展定位分析　　　　　　　　D. 发展风险分析

E. 发展路线图分析

【答案】B C D E

【解析】本题考查专利导航的研究方法。专利导航的研究内容主要包括5个方面：发展全景分析、发展方向分析、发展定位分析、发展风险分析、发展路线图分析。

17. 专利导航的主要类型包括（　　）。

A. 区域规划类专利导航　　　　　B. 产业规划类专利导航

C. 创新主体类专利导航　　　　　D. 科研院所类专利导航

E. 高校类专利导航

【答案】A B C

【解析】本题考查专利导航的主要类型。根据研究对象的不同，目前，专利导航可以分为面向区域层面开展的区域规划类专利导航、面向特定产业层面开展的产业规划类专利导航以及面向企业和科研院所等特定创新主体开展的创新主体类专利导航三大类。

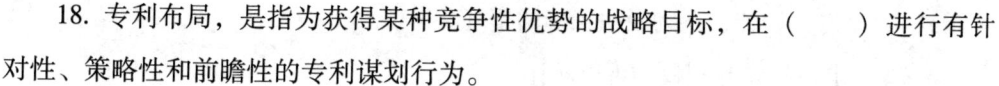

18. 专利布局,是指为获得某种竞争性优势的战略目标,在(　　)进行有针对性、策略性和前瞻性的专利谋划行为。

　　A. 技术领域　　　　　　　　B. 专利申请地域

　　C. 申请时机和申请类型　　　D. 申请数量

　　E. 申请主体

【答案】A B C D

【解析】本题考查专利布局的含义。专利布局是指为获得某种竞争性优势的战略目标,在技术领域、专利申请地域、申请时机和申请类型、申请数量等方面进行有针对性、策略性和前瞻性的专利谋划行为。

19. 常见的专利布局定位包括(　　)。

　　A. 包绕式　　　　　　　　　B. 保护式

　　C. 对抗式　　　　　　　　　D. 储备式

　　E. 防御式

【答案】B C D

【解析】本题考查专利布局定位。要围绕所在主体目前及未来产品、技术和专利竞争局面进行综合判断确定出专利布局的定位。专利布局定位分析的重点在于明确布局主体专利技术的对标对象、目标和方向。一般而言,常见的专利布局定位有保护式、对抗式和储备式3种。

20. 专利质押作为贷款融资市场中的一种新的融资模式,包括(　　)。

　　A. 捆绑型专利质押　　　　　B. 自由型专利质押

　　C. 政府主导型专利质押　　　D. 政府服务型专利质押

　　E. 政府担保型专利质押

【答案】B C D

【解析】本题考查专利质押模式。近年来,在有关部门的大力推动下,各地方政府相继开展了专利质押的模式探索,融资模式也各有特色,主要分为自由型专利质押、政府主导型专利质押、政府服务型专利质押3种类型。这3种类型的各自代表分别为北京模式、上海浦东模式和武汉模式。

21. 关于专利转让，下列说法正确的是（　　）。

A. 专利申请权和专利权均可以转让

B. 专利申请权转让发生在专利授权之前，转让人为专利申请人

C. 专利权转让发生在专利授权之后，转让人为专利权人

D. 专利申请权或者专利权的转让自合同签订之日起生效

E. 转让专利申请权或者专利权的，当事人应当订立书面合同

【答案】A B C E

【解析】本题考查专利转让。专利申请权转让和专利权转让存在显著区别：专利申请权转让发生在专利授权之前，转让人为专利申请人；专利权转让发生在专利授权之后，转让人为专利权人。两种转让形式中，对于受让人而言风险最大的是专利申请权的转让，因为专利还处于审查状态中。转让专利申请权或者专利权的，当事人应当订立书面合同，并向国务院专利行政部门登记，由国务院专利行政部门予以公告。专利申请权或者专利权的转让自登记之日起生效。

22. 关于专利分析，下列说法正确的是（　　）。

A. 对专利文献的引用或被引用进行分析，可以揭示专利文献之间、专利文献与科学论文之间相互关联的数量特征和内在规律的一种文献计量研究方法

B. 一件专利的同族专利数量越多，其对专利权人的重要性就越大、市场价值也越高

C. 重点技术发展路线分析方法主要包括专利引证树线路图分析、技术发展时间序列图

D. 技术空白点分析的研究结果常常用功效矩阵图形式来表示

E. 专利分析的方法和模式是固定不变的

【答案】A B C D

【解析】本题考查专利分析方法。专利分析方法多种多样，根据不同的分析目的，分析方法不尽相同。

23. 关于专利检索的步骤包括（　　）。

A. 确定检索目标的技术方案　　　　B. 收集和整理检索要素

C. 构建检索表达式　　　　　　D. 修正检索表达式

E. 撰写技术分解表

【答案】A B C D

【解析】本题考查专利检索的步骤。撰写技术分解表并不是专利检索的步骤。

24. 专利的商品化交易行为包括（　　）。

A. 专利许可　　　　　　　　B. 专利交易

C. 专利转让　　　　　　　　D. 专利质押融资

E. 专利保险

【答案】A B C

【解析】本题考查专利运用。狭义专利运用中的直接收益是指既可以通过专利技术方案的实施即产业化实现，包括专利的自实施和许可、交易、转让后的他人实施，也可以通过专利的市场化运营即商品化、金融化实现的收益。其中，专利的商品化具体体现为专利许可、专利交易、专利转让等交易行为。

25. 专利情报利用能为行为主体带来的价值包括（　　）。

A. 改善行为主体的专利竞争地位　　B. 引导和支持技术研发创新

C. 优化完善营商环境　　　　　　　D. 识别防控产业风险

E. 帮助行为主体有效提升决策科学性

【答案】B C D E

【解析】本题考查专利运用含义。狭义专利运用中的间接收益是指既可以通过专利竞争性利用行为来实现，也可以通过专利情报利用来实现的收益。通过专利竞争性利用行为实现的间接收益主要体现为改善行为主体的专利竞争地位，帮助其强化竞争优势、弥补竞争劣势等。通过专利情报利用行为实现的间接收益主要体现为帮助行为主体有效提升决策科学性、引导和支持技术研发创新、优化完善营商环境、识别防控产业风险、提高专利实施和专利运营质量与效能等。

26. 在专利检索过程中，下列逻辑关系表达错误的是（　　）。

A. 检索要素1的关键词 AND 检索要素2的 IPC 分类号 AND 检索要素2的缩略语

B. （检索要素1的关键词 OR 检索要素1的IPC分类号）AND 检索要素2的关键词

C. （检索要素1的IPC分类号 OR 检索要素2的IPC分类号）AND 检索要素3的关键词

D. 检索要素1的关键词 AND 检索要素2的关键词 AND 检索要素1的IPC分类号

E. 检索要素1的关键词 AND 检索要素2的关键词 OR 检索要素1的IPC分类号

【答案】A C D

【解析】本题考查专利检索。选项A正确的表达方式为：检索要素1的关键词 AND 检索要素2的IPC分类号 OR 检索要素2的缩略语，因为对于同一个检索要素的不同表达方式，逻辑运算使用"或"运算；选项C正确的表达方式为：（检索要素1的IPC分类号 AND 检索要素2的IPC分类号）AND 检索要素3的关键词；因为在专利检索过程中，不同的块之间的逻辑运算，使用"与"运算；D选项正确的表达方式为：检索要素1的关键词 AND 检索要素2的关键词 OR 检索要素1的IPC分类号。

27. 以下是关于"电压力锅的弹性支撑结构"专利技术主题检索的检索要素表。

检索种类	专利技术主题检索		
课题名称	电压力锅的弹性支撑结构		
检索要素	检索要素1	检索要素2	检索要素3
检索要素名称	电压力锅	支撑	弹性
中文主题词	压力锅	支撑，支承，支架	弹性，弹力
IPC分类号	A47J 27/08	—	—

根据检索要素表，下列不符合专利检索的"尽可能检全"的要求的检索式有（　　）。

A. IPC分类号 = A47J 27/08 and 关键词 =（压力锅 and（支撑 or 支承 or 支架）and（弹性 or 弹力））

B. 关键词 = 压力锅 or IPC分类号 = A47J 27/08 and 关键词 =（支撑 or 支承 or 支架）and（弹性 or 弹力）

C. IPC分类号 = A47J 27/08 and 关键词 =（支撑 or 支承 or 支架）and（弹性 or

弹力）

D. 关键词=（压力锅 and（支撑 or 支承 or 支架）and（弹性 or 弹力））and IPC 分类号=A47J 27/08

E. IPC 分类号=A47J 27/08 or 关键词=（支撑 or 支承 or 支架）and（弹性 or 弹力）

【答案】A C D

【解析】本题考查专利检索。选项 A 中，分类号"A47J 27/08"表达的是检索要素1，因此"IPC 分类号=A47J 27/08"和"关键词=压力锅"之间的逻辑运算应该是逻辑"或"的运算；选项 C 中，三个检索要素之间的逻辑运算是正确的，但是，关于检索要素1，只用了 IPC 分类号表达，没有使用主题词表达，因此不符合"尽可能检全"的要求；选项 D 中，检索要素的逻辑运算有误，主题词"压力锅"和 IPC 分类号"A47J 27/08"表达的是同一检索要素，因此两者之间的逻辑运算是逻辑"或"运算。选项 E 中，"IPC 分类号=A47J 27/08"表达的是检索要素1，"关键词=（支撑 or 支承 or 支架）"表达的是检索要素2，不同的检索要素之间的逻辑运算应使用逻辑"与"运算。

28. 产业规划类专利导航项目的基本阶段有（　　）。

A. 产业发展现状分析

B. 产业投融资环境分析

C. 产业专利导航分析

D. 制定专利导航产业创新发展政策性文件

E. 相关产业技术竞争形势分析

【答案】A C D

【解析】本题考查专利导航的基本流程。产业规划类专利导航是以产业主管部门或行业机构为服务对象，以专利导航基本方法为依托，围绕特定产业的创新发展布局、产业转型升级等重大问题，对产业技术创新状况及面临的竞争形势进行全面分析，为产业主管部门或行业机构制定产业技术创新发展规划提供导航指引的分析范式。产业规划类专利导航项目的基本阶段包括产业发展现状分析、产业专利导航分析以及制定专利导航产业创新发展政策性文件。

29. 小张在进行某产业领域的专利数据分析时，发现专利申请量排名靠前的申请人大部分不是该产业领域知名的龙头企业，与传统产业状况的认识存在差异，造成这种情况的原因可能是（   ）。

A. 该产业领域的龙头企业专利申请本身较少

B. 专利数据样本不全面，导致数据存在遗漏

C. 获取专利数据样本的检索式具有明显失误

D. 潜在机构在该产业领域长期隐性布局专利

E. 专利检索只使用了中文专利数据库，造成检索分析结果有误

【答案】A B C D

【解析】本题考查专利分析的结果评估。在专利分析过程中，如果遇到专利申请量排名靠前的申请人大部分不是该产业领域知名的龙头企业，选项A、B、C、D的情况都有可能。选项E中，专利检索使用了中文数据库，如果检索式可靠，检索结果相对是可靠的，因为企业在国内专利申请量占企业申请量的绝大部分，不会影响申请人排名顺序。

第五章 商标基础

一、知识点

掌握商标定义和特征，熟悉商标类型，熟悉商标专用权的概念、权能及特征，了解中国商标法律制度的特点，了解商标注册和管理机关、行政裁决机构及执法机关，了解现行商标法修正历程，理解商标法的基本原则，掌握商标注册的申请与审查，掌握商标异议案的受理、实质审查，熟悉商标异议申请裁决结果和救济途径，掌握商标注册审查的结果，掌握商标评审案件的受理、审理、法律程序与后果，掌握无效宣告程序，了解马德里商标国际注册的基本概念及马德里体系概况，了解马德里商标国际注册的申请，了解马德里商标国际注册领土延伸的审查，了解马德里商标国际注册后续业务的程序，掌握商标行政复议的受理和审理。

二、同步练习

（一）单项选择题

1. 按照商标的构成要素不同，下列选项中不属于传统商标的是（   ）。
A. 文字商标　　　　B. 图形商标　　　　C. 数字商标　　　　D. 声音商标

【答案】D

【解析】本题考查商标的种类。传统商标由文字、字母、数字、图形等要素或其组合构成，用以区分商品或服务来源的商标。非传统商标包括立体商标、听觉商标、味觉商标、触觉商标、颜色组合商标等。

2. 下列商标中，不属于近似商标的是（   ）。

A. 雪碧和雷碧 B. Panda 和熊猫

C. Susanna 和 SUSANNA D. adidas 和阿迪达斯

【答案】C

【解析】本题考查商标的定义。近似商标是指文字、数字、图形、颜色或声音等商标构成要素在发音、视觉、意义或排列顺序以及整体上虽有一定区别，但易产生混淆的商标。选项 A 中两者有一定区别，但易让顾客产生混淆；选项 B 熊猫是 Panda 英文翻译，两者意义一样；选项 D 阿迪达斯是 adidas 的音译，在发音上一致；选项 C 前后为大小写差别，属于相同商标。

3. 关于商标注册申请的实质审查，下列说法错误的是（　　）。

A. 《类似商品和服务区分表》是判断商品与服务是否构成类似的主要参考依据

B. 相同商品包括名称不同但指同一事物的商品

C. 近似商标是指文字、数字、图形、颜色或声音等商标的构成要素在发音、视觉、意义或排列顺序以及整体上虽有一定区别，但易产生混淆的商标

D. 判断商品是否类似，只能从商品的功能和用途是否相同或基本相同进行判断

【答案】D

【解析】本题考查商标注册申请。类似商品是指在功能、用途、生产部门、销售渠道、消费对象等方面相同或基本相同的商品。

4. 关于商标异议案件的审理，下列说法错误的是（　　）。

A. 商标局应当听取异议人和被异议人陈述事实和理由

B. 商标局作出准予注册决定，异议人不服的，可以向商标评审委员会请求宣告该注册商标无效

C. 商标局作出准予注册决定，异议人不服的，可以向商标评审委员会申请复审

D. 商标局作出不予注册决定，被异议人不服的，可以自收到通知之日起 15 日内申请不予注册复审

【答案】C

【解析】本题考查商标异议。依据《商标法》第 35 条的规定，异议人不服准予注册决定的，无权申请复审。被异议商标获准注册后，异议人可以提起无效宣告申请。

5. 商标注册申请之日起（　　）内，或在国际展览会上首次展出商品之日起（　　）内，又向其他成员方提出相同申请的，这些在后申请被认为是与第一次申请同一天提出，即优先权原则。

A. 6个月　3个月　　　　　　　　B. 3个月　6个月

C. 3个月　3个月　　　　　　　　D. 6个月　6个月

【答案】D

【解析】本题考查商标注册申请的优先权原则。商标注册申请之日起6个月内，或在国际展览会上首次展出商品之日起6个月内，又向其他成员方提出相同申请的，这些在后申请被认为是与第一次申请同一天提出，即优先权原则。优先权并不自动产生，申请人要求优先权的，应当在提出注册申请同时提出书面申请，并在3个月内提交证明文件。

6. 商标异议的法定期限为自初步审定公告之日起（　　）

A. 1个月　　　B. 3个月　　　C. 6个月　　　D. 12个月

【答案】B

【解析】本题考查的是商标异议申请的受理。商标异议制度是指当事人在法定期限内，对国家知识产权局初步审定公告的商标提出不同意见，请求国家知识产权局撤销对商标的初步审定，由国家知识产权局依法作出准予注册或者不予注册的制度。异议的法定期限为自初步审定公告之日起3个月。

7. 商标异议成立，国家知识产权局作出不予核准注册决定，被异议人不服的，可以自收到通知之日起（　　）内向国家知识产权局申请不予注册复审，被异议人对复审决定不服的，可以自收到决定之日（　　）内向人民法院起诉。

A. 15日　15日　　　　　　　　B. 30日　30日

C. 30日　60日　　　　　　　　D. 15日　30日

【答案】D

【解析】本题考查商标异议申请裁决结果和救济途径。商标异议成立，国家知识产权局作出不予核准注册决定，被异议人不服的，可以自收到通知之日起15日内向国家知识产权局申请不予注册复审，被异议人对复审决定不服的，可以自收到决定之日起30日内向人民法院起诉。

8. 下列可以作为驳回复审案件申请人的是（　　）。

   A. 被异议人　　　　　　　　　B. 被驳回商标注册申请人

   C. 任何单位或个人　　　　　　D. 被无效商标注册人

   【答案】B

   【解析】本题考查商标评审案件的主体资格。注意区分驳回复审案件申请人、不予注册复审申请人、依绝对理由请求宣告注册商标无效申请人、依相对理由请求宣告注册商标无效宣告申请人、无效宣告复审申请人、撤销复审案件申请人，不同案件申请人的主体资格。

9. 可以作为不予注册复审申请人的是（　　）。

   A. 被异议人　　　　　　　　　B. 被驳回商标注册申请人

   C. 任何单位或个人　　　　　　D. 被无效商标注册人

   【答案】A

   【解析】本题考查商标评审案件的主体资格。

10. 下列可以作为依绝对理由请求宣告注册商标无效申请人的是（　　）。

    A. 被异议人　　　　　　　　　B. 被驳回商标注册申请人

    C. 任何单位或个人　　　　　　D. 被无效商标注册人

    【答案】C

    【解析】本题考查商标评审案件的主体资格。

11. 下列可以作为依相对理由请求宣告注册商标无效申请人的是（　　）。

    A. 被异议人　　　　　　　　　B. 被驳回商标注册申请人

    C. 任何单位或个人　　　　　　D. 在先权利人或利害关系人

    【答案】D

    【解析】本题考查商标评审案件的主体资格。

12. 下列可以作为无效宣告复审申请人的是（　　）。

    A. 被异议人　　　　　　　　　B. 被驳回商标注册申请人

    C. 任何单位或个人　　　　　　D. 被无效商标注册人

【答案】D

【解析】本题考查商标评审案件的主体资格。

13. 下列可以作为撤销复审案件申请人的是（ ）。

A. 被异议人　　　　　　　　　B. 被驳回商标注册申请人

C. 任何单位或个人　　　　　　D. 撤销或不予撤销决定的当事人

【答案】D

【解析】本题考查商标评审案件的主体资格。

14. 商标授权确权案件行政复议案件的复议机关为（ ）。

A. 同级人民政府　　　　　　　B. 行政机关的上级机关

C. 国家知识产权局　　　　　　D. 市场监督管理局

【答案】C

【解析】本题考查行政复议的受案范围。商标授权确权案件行政复议案件的复议机关为国家知识产权局。

15. 商标执法案件行政复议案件的复议机关为（ ）。

A. 作出行政决定的同级人民政府或者行政机关的上级机关

B. 地方人民政府

C. 国家知识产权局

D. 市场监督管理局

【答案】A

【解析】本题考查行政复议的受案范围。商标执法案件行政复议案件的复议机关为作出行政决定的同级人民政府或者行政机关的上级机关。

16. 商标绝对理由的异议主体可以是（ ）。

A. 在先权利人　　　　　　　　B. 利害关系人

C. 任何单位和个人　　　　　　D. 被异议人

【答案】C

【解析】本题考查的是异议主体资格。绝对理由的异议主体可以是任何单位和个人。

17. 商标相对理由的异议主体可以是（　　）。

A. 在先权利人和利害关系人　　B. 被驳回商标注册申请人

C. 任何单位和个人　　D. 被异议人

【答案】A

【解析】本题考查的是异议主体资格。相对理由的异议主体是在先权利人和利害关系人。

18. 依据《行政复议法》的规定，行政复议申请可以自知道该具体行政行为之日起（　　）内提出。

A. 15日　　B. 30日　　C. 60日　　D. 90日

【答案】C

【解析】本题考查的是行政复议的法定期限。依据《行政复议法》第9条的规定，公民、法人或者其他组织认为具体行政行为侵犯其合法权益的，可以自知道该具体行政行为之日起60日内提出行政复议申请；但是法律规定的申请期限超过60日的除外。

19. 国家知识产权局对申请人提交的国际注册申请的审查方式是（　　）。

A. 形式审查　　B. 实质审查　　C. 书式审查　　D. 费用审查

【答案】A

【解析】本题考查马德里商标国际注册的申请。国家知识产权局对申请人提交的国际注册申请仅进行形式审查。

20. 商标局对一件商标注册申请在部分指定商品上予以驳回的，申请人可以自收到驳回通知之日起（　　）内提出分割申请。

A. 15日　　B. 30日　　C. 60日　　D. 3个月

【答案】A

【解析】本题考查商标注册申请的分割。商标注册申请的分割，需要分割的，应当自收到通知书之日起15日内，提出分割申请。

21.《商标法》的立法宗旨是为了加强商标管理,(   ),促使生产、经营者保证商品和服务质量,维护商标信誉,以保障消费者和生产、经营者的利益,促进社会主义市场经济的发展。

　　A. 保护商标权　　　　　　　　B. 保护商标专用权
　　C. 维护商标权人合法权益　　　D. 实施商标战略

【答案】B

【解析】《商标法》第1条对立法宗旨作了明确规定,为了加强商标管理,保护商标专用权。

22. 经商标局核准注册的商标为注册商标,注册商标不包括(   )。
　　A. 商品商标　　B. 服务商标　　C. 地理商标　　D. 证明商标

【答案】C

【解析】本题考查商标的种类。商标的种类包括商品商标、服务商标、集体商标、证明商标。

23. 无效宣告复审是指(   )对商标局作出的注册商标无效决定不服的,可以自收到通知之日起15日内向商标评审委员会申请复审。

　　A. 被无效商标注册人　　　　　B. 任何单位或个人
　　C. 被撤销商标注册人　　　　　D. 被驳回商标注册申请人

【答案】A

【解析】本题考查商标的无效宣告。对国家知识产权局依职权主动宣告注册商标无效决定不服的,商标注册人可以申请复审。无效宣告复审案件的申请人应为被无效商标注册人。

24.《商标法》第21条规定的商标国际注册,是指根据(   )等的规定办理的商标国际注册。

　　A.《巴黎公约》　B.《尼斯协定》　C.《马德里协定》　D.《日内瓦公约》

【答案】C

【解析】商标国际注册体系《马德里协定》与《商标国际注册马德里协定有关议定书》两个主要条约。

(二) 多项选择题

1. 按照商标使用载体划分，商标有（   ）。

   A. 商品商标 B. 集体商标

   C. 服务商标 D. 证明商标

   E. 传统商标

   【答案】A C

   【解析】本题考查商标的种类。按照商标使用载体划分为商品商标和服务商标。商品商标是指使用在商品上的商标。服务商标是指使用在提供的服务上的商标。

2. 按照商标与使用者的关系及作用不同划分，商标有（   ）。

   A. 普通商标 B. 集体商标

   C. 服务商标 D. 证明商标

   E. 传统商标

   【答案】A B D

   【解析】本题考查商标的种类。按照商标与使用者的关系及作用不同划分为普通商标，集体商标及证明商标。普通商标是指生产经营者用于自己的商品或服务上的商标。集体商标是指以团体、协会或者其他组织名义注册，专供该组织成员在商事活动中使用，以表明使用者在该组织中的成员资格的标志。证明商标是指由对某种商品或者服务具有监督能力的组织所控制，而由该组织以外的单位或者个人使用于其商品或者服务，用以证明该商品或者服务的原产地、原料、制造方法、质量或者其他特定品质的标志。

3. 商标专用权的权能包括（   ）。

   A. 使用权 B. 禁止权

   C. 许可权 D. 转让权

   E. 销售权

   【答案】A B C D

   【解析】本题考查商标专用权的权能。商标专用权的权能包括使用权、禁止权、许可权和转让权。商标专用权作为民事财产可以依法继承。

4. 商标专用权特征有（　　）。

A. 专有性　　　　　　　　B. 国际性

C. 地域性　　　　　　　　D. 期限性

E. 私有性

【答案】A C D

【解析】本题考查商标专用权的特征。商标专用权特征有专有性、地域性和期限性。

5. 商标法的基本原则有（　　）。

A. 自愿注册原则　　　　　B. 注册保护原则

C. 申请在先原则　　　　　D. 使用在先原则

E. 诚实信用原则

【答案】A B C E

【解析】本题考查商标法的基本原则。商标法的基本原则包括自愿注册原则、注册保护原则、申请在先原则、诚实信用原则，具有行政保护与司法保护并举的特点。

6. 下列选项中可以申请商标的主体有（　　）。

A. 自然人　　　　　　　　B. 法人

C. 社会组织　　　　　　　D. 个体工商户

E. 农村承包经营户

【答案】B C D E

【解析】本题考查商标注册申请主体资格。自然人、法人或其他组织都可以向国家知识产权局申请注册商标。根据2007年发布的《自然人办理商标注册申请注意事项》，仅允许个体工商户、农村承包经营户等具有经营资质的自然人申请商标注册。

7. 关于商标专用权，下列说法错误的有（　　）。

A. 商标注册人有权在其指定的商品或服务上使用被核准注册商标

B. 商标注册人有权依法将其注册商标转移给他人所有

C. 商标注册人有权许可他人在任何商品或服务上使用其注册商标

D. 商标注册人有权禁止他人在指定的商标上使用注册商标近似的商标

E. 商标注册人专用权不属于民事财产，因此不能够继承

【答案】C E

【解析】本题考查商标专用权。注册商标的主要目的在于取得在指定的商品和服务上专门使用其注册商标的权利，这是商标专用权的核心权能。商标专用权的权能包括使用权、禁止权、许可权和转让权。其中许可权是指商标注册人通过签订许可使用合同许可他人在指定的商品或服务上使用其注册商标的权利。禁止权是指未经商标注册人许可，在与指定的商品（服务）相同或类似的商品（服务）上禁止他人使用与注册商标相同或近似商标的权利。商标专用权作为民事财产可以依法继承。

8. 关于提出商标异议的异议人资格，下列说法正确的有（　　）。

   A. 异议人没有主体资格限制

   B. 相对理由的异议主体可以是任何人

   C. 绝对理由的异议主体是任何人

   D. 相对理由的异议主体可以是在先权利人

   E. 相对理由的异议主体可以是利害关系人

【答案】C D E

【解析】根据《商标法》对异议主体资格的规定，异议人因异议理由的不同可以分为两类，(1) 绝对理由的异议主体为任何人；(2) 相对理由的异议主体为在先权利人和利害关系人。

9. 关于商标评审案件，下列说法正确的有（　　）。

   A. 请求人以注册商标不具有显著特征为由，请求宣告注册商标无效的，没有时间限制

   B. 商标评审案件的审理应当组成合议组进行

   C. 商标注册人对商标局依职权作出的撤销注册商标决定不服的，可以向人民法院提起行政诉讼，不能申请复审

   D. 撤销注册商标的申请人对商标局作出的不予撤销注册商标决定不服的，可以自收到通知之日起 30 日内申请复审

E. 当事人不服评审裁决的,可以向人民法院提起行政诉讼

【答案】A B E

【解析】本题考查商标评审。商标注册人对商标局依职权作出的撤销注册商标决定不服的,可以自收到通知之日起15日内申请复审,任何单位或个人依绝对理由请求宣告注册商标无效的没有时间限制。依相对理由的,即利害关系人应自商标注册之日起5年内请求宣告注册商标无效;对恶意注册的,驰名商标所有人不受5年的时间限制。

10. 申请人通过中国的商标局提交商标国际注册申请的,应当符合《马德里协定》和《马德里议定书》关于申请人资格的规定,下列具备申请人资格的有（　　）。

A. 申请人须为外国企业

B. 申请人具有中国国籍,但没有工商营业场所

C. 申请人在中国设有住所

D. 申请人具有中国国籍

E. 申请人须为外国人

【答案】B C D

【解析】申请人通过中国的商标局提交商标国际注册申请的,应符合《马德里协定》和《马德里议定书》关于申请人资格的规定,即申请人在中国设有真实有效的工商营业场所、申请人在中国有住所或申请人具有中国国籍。国际注册申请应由国家知识产权局提交给国际局。

11. 对于下列决定,利害关系人可按照《行政复议法》申请复议的是（　　）。

A. 不予受理商标注册申请决定

B. 停止受理商标代理机构办理商标代理业务的决定

C. 不予续展注册决定

D. 不予核准商标转让申请决定

E. 不予核准被异议商标注册决定

【答案】A B C D

【解析】本题考查商标行政复议。商标授权确权案件行政复议受案范围主要包括对国家知识产权局商标局在商标注册、变更、转让、续展、补发注册证、注销、

撤销、异议、复审、无效等程序中作出的具体行政行为不服的；对国家知识产权局作出的停止受理商标代理机构办理商标代理义务等行政决定不服的。行政复议机关为国家知识产权局。对于商标异议，异议成立，商标局作出不予核准被异议商标注册决定，被异议人不服的，可以自收到通知之日起15日内申请不予注册复审。

商标执法案件行政复议受案范围主要包括对市场监督管理部门作出的罚款、责令限期改正、销毁商品、禁止广告宣传、禁止商品销售、收缴商标标识、销毁侵权商标标识、消除现存商品上的侵权商标、收缴主要用于商标侵权的模具、印版和其他作案工具等行政处罚不服的；对市场监督管理部门采取的封存商标标识和责令封存与侵权活动有关的物品等行政强制措施不服的。行政复议机关为作出行政决定的同级人民政府或者行政机关的上级机关。

12. 在商标实质审查过程中，下列属于绝对理由审查的内容是（　　）。

A. 恶意商标注册申请

B. 缺乏显著性标志的商标注册申请

C. 商标代理机构除对其代理服务申请商标注册外，申请注册的其他商标

D. 与他人在先商标相同的商标注册申请

E. 与他人在先商标近似的商标注册申请

【答案】A B C

【解析】商标注册申请实质审查是国家知识产权局对商标注册申请的实质要件合法性进行审查的行为，包括禁止性条款的审查，即绝对理由的审查；与他人在先商标相同或者近似的审查，即相对理由的审查。

13. 下列关于商标异议案件的审理正确的有（　　）。

A. 异议案件审理方式可以采取口头审理

B. 异议案件审理方式可以采取合议制审理

C. 异议案件审理方式可以采取书面审理

D. 异议案件审理方式可以采取书面审理或电子案件审理

E. 审理异议案件的主要法律依据包括《商标法》《商标法实施条例》《驰名商标认定和保护规定》以及《集体商标、证明商标注册和管理办法》等

【答案】B C E

【解析】本题考查商标异议案件的审理。异议案件审理方式采取合议制，进行书面审理。审理异议案件的主要法律依据包括《商标法》《商标法实施条例》《驰名商标认定和保护规定》以及《集体商标、证明商标注册和管理办法》等。

14. 下列关于商标评审案件的审理方式正确的有（　　）。

    A. 商标评审案件的审理方式包括合议制度

    B. 书面审理

    C. 口头审理

    D. 重大疑难案件集体讨论

    E. 电子案件审理

【答案】ＡＢＣＤ

【解析】本题考查商标评审案件的审理方式。商标评审案件的审理方式包括合议制度（3人以上的单数组成合议组）、书面审理、口头审理、重大疑难案件集体讨论。

15. 下列关于审理商标评审案件的主要法律依据有（　　）。

    A. 《商标法》

    B. 《商标法实施条例》

    C. 《商标评审规则》

    D. 《集体商标、证明商标注册和管理办法》

    E. 《商标注册暂行条例》

【答案】ＡＢＣＤ

【解析】本题考查商标评审案件的法律依据和审理标准。审理商标评审案件的主要法律依据有《商标法》《商标法实施条例》《商标评审规则》《集体商标、证明商标注册和管理办法》以及《驰名商标认定和保护规定》。

16. 根据《行政复议法》的规定，下列可以向行政机关提出行政复议申请的有（　　）。

    A. 公民　　　　　　　　　　B. 法人

    C. 其他组织　　　　　　　　D. 利害关系人

E. 在先权利人

【答案】A B C

【解析】本题考查的是商标行政复议的主体资格。根据《行政复议法》第9条的规定，公民、法人或其他组织认为具体行政行为侵犯其合法权益的，可以向行政机关提出行政复议申请。

17. 下列关于商标授权确权案件行政复议受案范围包括的情形有（   ）。

   A. 国家知识产权局在商标注册、变更程序中作出的具体行政行为不服的
   B. 国家知识产权局在商标转让、续展程序中作出的具体行政行为不服的
   C. 市场监督管理部门作出的责令限期改正、禁止广告宣传等行政处罚不服的
   D. 市场监督管理部门作出的收缴商标标识、禁止商品销售等行政处罚不服的
   E. 对国家知识产权局作出的停止受理商标代理机构办理商标代理义务等行政决定不服的

【答案】A B E

【解析】本题考查的是商标行政复议的受案范围。商标授权确权案件行政复议受案范围包括对国家知识产权局在商标注册、变更、转让、续展、补发注册证、注销、撤销、异议、复审、无效等程序中作出的具体行政行为不服的；对国家知识产权局作出的停止受理商标代理机构办理商标代理义务等行政决定不服的。

18. 下列关于商标执法案件行政复议受案范围包括的情形有（   ）。

   A. 市场监督管理部门作出的责令限期改正、禁止广告宣传等行政处罚不服的
   B. 国家知识产权局在商标异议、复审程序中作出的具体行政行为不服的
   C. 国家知识产权局在商标注销、撤销程序中作出的具体行政行为不服的
   D. 市场监督管理部门作出的罚款、销毁侵权商标标识等行政处罚不服的
   E. 市场监督管理部门作出的收缴主要用于商标侵权的模具、印版和其他作案工具等行政处罚不服的

【答案】A D E

【解析】本题考查的是商标行政复议的受案范围。商标执法案件行政复议受案范围包括对市场监督管理部门作出的罚款、责令限期改正、销毁商品、禁止广告宣传、禁止商品销售、收缴商标标识、销毁侵权商标标识、消除现存商品上的侵权商

标以及主要用于商标侵权的模具、印版和其他作案工具等行政处罚不服的。

19. 下列关于商标行政复议的审理方式主要包括（　　）。

A. 书面审理为主　　　　　　B. 调查取证为辅

C. 合议制　　　　　　　　　D. 重大、复杂案件，采取听证审理

E. 口头审理

【答案】A B D

【解析】本题考查行政复议案件的审理方式。商标行政复议采取书面审理为主、调查取证为辅的审理方式。对于重大、复杂的案件，申请人提出要求或行政复议机关认为必要的，也可以采取听证审理方式。

20. 下列关于商标行政复议案件审理的法律依据主要包括（　　）。

A. 《行政复议法》　　　　　B. 《行政复议法实施条例》

C. 《商标法》　　　　　　　D. 《商标法实施条例》

E. 《注册商标暂行条例》

【答案】A B C D

【解析】商标行政复议案件审理的法律依据主要包括《行政复议法》《行政复议法实施条例》《商标法》《商标法实施条例》等。

21. 根据商标的构成要素不同，商标可以分为（　　）。

A. 服务商标　　　　　　　　B. 传统商标

C. 集体商标　　　　　　　　D. 非传统商标

E. 证明商标

【答案】B D

【解析】本题考查商标种类。按照商标的构成要素不同，商标可以分为传统商标或非传统商标。

22. 下列关于传统商标的构成要素主要包括（　　）。

A. 文字　　　　　　　　　　B. 字母

C. 颜色　　　　　　　　　　D. 图形

E. 三维标志

【答案】A B D

【解析】本题考查商标的种类。传统商标由文字、字母、数字、图形等要素或者组合构成,用以区分商品或者服务来源的商标。

23. 下列关于非传统商标的种类主要包括（　　）。

A. 证明商标　　　　　　　　B. 立体商标

C. 听觉商标　　　　　　　　D. 味觉商标

E. 颜色组合商标

【答案】B C D E

【解析】本题考查商标的种类。非传统商标包括立体商标、听觉商标、味觉商标、触觉商标、颜色组合商标等。

24. 下列关于商标审查的结果主要包括（　　）。

A. 初步审定　　　　　　　　B. 全部驳回

C. 部分驳回　　　　　　　　D. 商标注册申请的分割

E. 商标异议

【答案】A B C D

【解析】本题考查商标审查的结果,包括初步审定、全部驳回或部分驳回、商标注册申请的分割。

25. 下列关于商标评审案件的受案范围主要包括（　　）。

A. 商标驳回复审　　　　　　B. 不予注册复审

C. 无效宣告　　　　　　　　D. 无效宣告复审

E. 商标异议

【答案】A B C D

【解析】本题考查商标评审案件受案范围。商标评审案件的受案范围包括驳回复审、不予注册复审、无效宣告、无效宣告复审、注册商标撤销复审。

26. 关于商标评审案件的法定期限,下列说法正确的有（　　）。

A. 当事人对国家知识产权局作出的决定不服的，可以自收到通知之日起 15 日内申请复审

B. 当事人对国家知识产权局作出的决定不服的，可以自收到通知之日起 30 日内申请复审

C. 在先权利人或利害关系人依相对理由请求宣告注册商标无效的，应当自商标注册之日起 5 年内提出

D. 任何单位或个人依绝对理由请求宣告注册商标无效的，应当自商标注册之日起 5 年内提出

E. 任何单位或个人依绝对理由请求宣告注册商标无效的，没有时间限制

【答案】A C E

【解析】本题考查商标评审案件法定期限。当事人对国家知识产权局作出的决定不服的，可以自收到通知之日起 15 日内申请复审。在先权利人或利害关系人依相对理由请求宣告注册商标无效的，应当自商标注册之日起 5 年内提出；对恶意注册的，驰名商标所有人不受 5 年时间限制。任何单位或个人依绝对理由请求宣告注册商标无效的，没有时间限制。

27. 下列关于在中国提交的商标的国际注册申请，正确的有（　　）。

A. 申请人应在中国设有真实有效的工商营业场所

B. 申请人在中国有住所

C. 申请人具有中国国籍

D. 国际注册申请应由国家知识产权局提交给国际局

E. 国际注册申请可以由申请人自行送达国际局

【答案】A B C D

【解析】本题考查马德里商标国际注册的申请。申请人应符合《马德里协定》和《马德里议定书》关于申请人资格的规定，即申请人应在中国设有真实有效的工商营业场所、申请人在中国设有住所或申请人具有中国国籍。国际注册申请应由国家知识产权局提交给国际局。

28. 在商标的注册申请过程中，下列属于类似商品和服务的有（　　）。

A. 毛巾与枕巾　　　　　　　　B. 衬衫与裤子

C. 餐馆与饭店　　　　　　D. 土豆与马铃薯

E. 番茄与西红柿

【答案】A B C

【解析】本题考查在商标注册申请中的概念，同一种商品和服务包括名称相同和名称不同但指同一事物或者内容的商品或者服务。类似商品是指在功能、用途、生产部门、销售渠道、消费对象等方面相同或基本相同的商品。

29. 下列选项中属于近似商标的有（　　）。

A. 丰泽园与丰泽源　　　　B. BMKBGB 与 BMKBGA

C. 苹果与 APPLE　　　　　D. 雪碧与雷碧

E. Susan 与 SUSAN

【答案】A B C D

【解析】本题考查相同商标与近似商标。在审查中，相同商标是指两个标识完全相同，或者在视觉或听觉上基本无差别、足以使相关公众产生误认的商标。近似商标是指文字、数字、图形、颜色或声音等商标的构成要素，在发音、视觉、意义或排列顺序以及整体上虽有一定的区别，但易产生混淆的商标。

30. 下列可以依相对理由对商标局初步审定的商标提出异议的有（　　）。

A. 任何单位　　　　　　　B. 任何个人

C. 在先权利人　　　　　　D. 利害关系人

E. 任何法人

【答案】C D

【解析】本题考查商标异议。相对理由的异议主体应为在先权利人和利害关系人。

31. 下列关于商标异议申请不予受理的情形，说法正确的是（　　）。

A. 不同异议人以相同的理由、事实和法律依据针对同一商标提出异议申请的

B. 未在法定期限内提出

C. 无明确的异议理由、事实和法律依据的

D. 申请人主体资格、异议理由不符合商标法有关规定的

E. 绝对理由的异议主体应当为在先权利人和利害关系人

【答案】B C D

【解析】本题考查商标异议。符合商标异议主体资格要求的任何人都可以提出异议申请。异议的法定期限为3个月，自初步审定公告之日起算，在异议期外提出的异议申请将不被受理。异议理由按照被异议商标违反《商标法》的法律条款不同分为绝对理由和相对理由。绝对理由的异议主体为任何单位或个人。相对理由的异议主体应为在先权利人和利害关系人。

第六章 商标使用

一、知识点

掌握注册商标的续展、变更、转让等法律规定，掌握注册商标的质押和注销，掌握商标使用的内涵、方式，掌握注册商标的许可使用，理解注册商标的不当使用，了解商标的印制，了解商标与品牌的联系与区别，了解商标品牌战略的制定与实施，了解商标品牌定位、识别和传播策略。

二、同步练习

（一）单项选择题

1. 关于注册商标的变更，下列说法错误的是（　　）。

A. 变更商标注册人名义的，应当提交有关登记机关出具的变更证明文件

B. 变更商标注册人名义的，商标注册人应当将其全部注册商标一并变更

C. 办理共有商标变更代理人或者文件接收人申请时，申请人应当取得全体共有成员书面同意文件

D. 申请人名称、地址发生过多次变更的，应当逐次办理

【答案】D

【解析】本题考查注册商标变更。变更商标注册人名义的，应当提交有关登记机关出具的变更证明文件。变更商标注册人名义的，商标注册人应当将其全部注册商标一并变更，未一并变更的，由商标局通知其限期改正，期满未改正的，视为放弃变更申请，商标局应当书面通知申请人。申请人名称、地址发生过多次变更的，无须逐次办理，可以直接变更至现使用名称或地址。办理共有商标变更代理人或者

文件接收人申请时，申请人应当取得全体共有成员书面同意文件。

2. 上海甲公司在餐馆项目上注册了"八百里面乡"商标。2019年2月10日，甲公司与西安乙公司签订《商标使用许可合同》，约定乙公司在西安市范围内开设的餐馆可使用甲公司的"八百里面乡"商标，且甲公司不得在西安市开设"八百里面乡"餐馆，也不得授权任何第三人在西安市开设"八百里面乡"餐馆，合同有效期为10年。甲、乙公司之间商标使用许可的性质属于（　　）。

A. 独家许可　　　B. 分割许可　　　C. 普通许可　　　D. 独占许可

【答案】D

【解析】本题考查注册商标许可使用。独占许可，是指商标注册人将注册商标仅许可一个被许可人在约定的期间、地域内以约定的方式使用，而许可人在上述约定范围内不得使用该商标。因此，甲、乙公司签订的是独占许可合同。

3. 商标每次续展注册的有效期为（　　）。

A. 5年　　　　　B. 10年　　　　　C. 15年　　　　　D. 20年

【答案】B

【解析】本题考查注册商标续展。《商标法》第40条规定，每次续展注册的有效期为10年，自该商标上一届有效期满次日起计算。

4. 甲公司在手机上注册了"红米"商标。乙公司未经甲公司授权，在未出示《商标注册证》的情况下，在张三经营的连华印刷厂印制了带有"红米"商标的手机包装盒1万个。下列说法错误的是（　　）。

A. 连华印刷厂就印制包装盒的行为对甲公司不负法律责任

B. 市场监督管理部门可以对连华印刷厂处以罚款

C. 甲公司可以侵犯注册商标专用权为由，对乙公司和连华印刷厂提起诉讼

D. 乙公司的行为属于擅自制造他人注册商标标识的行为

【答案】A

【解析】本题考查商标专用权。未经商标权人许可，乙公司委托连华印刷厂印制带有甲公司注册商标的手机包装盒，属于擅自制造他人注册商标标识的行为，侵犯了甲公司的商标专用权。连华印刷厂为乙公司的侵权行为提供便利条件，也构成

侵犯商标专用权。连华印刷厂违反《商标印制管理办法》的规定，市场监督管理部门可依《商标印制管理办法》第11条的规定，对连华印刷厂处以罚款。

5. 商标注册申请人或者（　　）发现商标申请文件或者注册文件有明显错误的，可以申请更正。

  A. 代理人   B. 注册人   C. 委托人   D. 代表人

【答案】B

【解析】本题考查商标注册事项更正。根据《商标法》第38条的规定，商标注册申请人或者注册人发现商标申请文件或者注册文件有明显错误的，可以申请更正。

6. "拼多多，拼得多，省得多"，通过洗脑广告曲和综艺赞助为拼多多带来超高知名度与曝光度，打造了极具特色的"拼多多"商标品牌。下列关于这一商标品牌的说法错误的是（　　）。

  A. 在商标品牌定位上，采用产品定位策略，紧扣产品价格的"省钱""低价"形成鲜明印象

  B. 在商标品牌定位上，采用产品定位策略，形成消费者最易辨识的产品外观特征

  C. 通过广告宣传语逐渐强化"拼得多、省得多"的印象，确立清晰识别的品牌个性

  D. 在品牌传播上，利用广告和综艺节目等多种手段，提升品牌的知名度

【答案】B

【解析】本题考查商标与品牌。本题中并未提到任何与外观相关的特征。

7. 商标局自受理质权登记申请之日起（　　）工作日依法审查，符合要求的，向双方当事人发放《商标专用权质权登记证》。

  A. 3个   B. 5个   C. 7个   D. 10个

【答案】B

【解析】本题考查注册商标的质押。商标局自受理质权登记申请之日起5个工作日依法审查，符合要求的，向双方当事人发放《商标专用权质权登记证》。

8. 商标注册人应当在期满前（   ）内按照规定办理续展手续；在此期间未能办理的，可以给予（   ）的宽限期。

A. 6 个月   6 个月　　　　　　　　B. 6 个月   3 个月

C. 12 个月   6 个月　　　　　　　D. 12 个月   3 个月

【答案】C

【解析】本题考查注册续展的法律规定。注册商标有效期满，需要继续使用的，商标注册人应当在期满前 12 个月内按照规定办理续展手续；在此期间未能办理的，可以给予 6 个月的宽限期。

9. 下列选项中不属于《关于审理商标民事纠纷案件适用法律若干问题的解释》中将商标使用许可划分的类型的是（   ）。

A. 独占许可　　　B. 排他许可　　　C. 普通许可　　　D. 法定许可

【答案】D

【解析】本题考查注册商标的使用许可。最高人民法院于 2002 年 10 月 12 日公布的《最高人民法院关于审理商标民事纠纷案件适用法律若干问题的解释》（法释〔2002〕32 号）第 3 条将商标使用许可划分为以下三类：独占许可，排他许可，普通许可。

10. 注册商标需要变更注册人的名义、地址或者其他注册事项的，应当提交（   ）。

A. 注册申请　　　B. 续展申请　　　C. 变更申请　　　D. 注销申请

【答案】C

【解析】本题考查注册商标变更的含义。《商标法》第 41 条规定，注册商标需要变更注册人的名义、地址或者其他注册事项的，应当提出变更申请。

11. 申请人变更其名义、地址、代理人、文件接收人或者删减指定的商品的，应当向（   ）办理变更手续。

A. 商标局　　　　　　　　　　　B. 商标评审委员会

C. 国家知识产权局　　　　　　　D. 市场监督管理局

【答案】C

【解析】本题考查注册商标变更的法律规定。申请人变更其名义、地址、代理人、文件接收人或者删减指定的商品的,应当向国家知识产权局办理变更手续。

12. 注册商标质押,是指商标注册人以出质人身份将自己所拥有的、依法可以转让的(　　)作为债权担保,当债务人不履行债务时,债权人有权依照法律规定,折价或以拍卖、变卖该商标专用权的价款优先受偿。

   A. 商标专用权　　　　　　　　B. 商标使用权
   C. 商标所有权　　　　　　　　D. 商标转让权

【答案】A

【解析】本题考查注册商标质押的概念。注册商标质押,是指商标注册人以出质人身份将自己所拥有的、依法可以转让的商标专用权作为债权担保,当债务人不履行债务时,债权人有权依照法律规定,折价或以拍卖、变卖该商标专用权的价款优先受偿。

13. 国务院于(　　)正式发布《国家知识产权战略实施纲要》。

   A. 2008年6月4日　　　　　　B. 2008年6月5日
   C. 2008年6月6日　　　　　　D. 2008年6月7日

【答案】B

【解析】2008年6月5日,国务院正式发布《国家知识产权战略实施纲要》。

14. 关于商标质权登记程序,下列说法错误的是(　　)。

   A. 商标专用权质权登记申请应由质权人和出质人共同提出、共同办理
   B. 当事人可以直接向国家知识产权局申请
   C. 当事人可以委托具备商标代理资格的组织代理
   D. 在中国没有经常居所或营业所的外国人或外国企业可以委托代理组织办理或自行办理

【答案】D

【解析】本题考查注册商标质权登记程序。商标专用权质权登记申请应由质权人和出质人共同提出、共同办理。当事人可以直接向国家知识产权局申请,也可以委托具备商标代理资格的组织代理。在中国没有经常居所或营业所的外国人或外国

企业应当委托代理组织办理。

15. 关于商标转让，下列说法错误的是（　　）。

   A. 转让人应该是商标权利人，受让人需具备《商标法》规定的资质，具有生产经营活动之需要取得商标权

   B. 注册商标在注册有效期内，或者虽然超出有效期但在法定期限内提交了续展申请

   C. 转让注册商标，商标注册人对其在同一种或者类似商品（服务）上注册的相同或近似的商标可部分转让

   D. 双方当事人应该具备相应的民事行为能力和权利能力

【答案】C

【解析】本题考查商标转让申请的办理程序。转让注册商标，商标注册人对其在同一种或者类似商品（服务）上注册的相同或近似的商标应当一并转让。

16. 关于注销商标的依申请注销，下列说法错误的是（　　）。

   A. 依申请注销，是指任何单位或个人可以向国家知识产权局提出注销申请

   B. 可以申请注销商标，也可申请注销该商标在部分指定商品或服务项目上的注册

   C. 注销申请经国家知识产权局核准后，其商标专用权自注销申请之日起终止

   D. 商标注册人申请注销其注册商标或注销其商标在部分指定商品上注册的，应当向国家知识产权局提交商标注销申请书，并交回原《商标注册证》

【答案】A

【解析】本题考查注册商标注销的概念和效力。依申请注销是指商标注册人向国家知识产权局提出注销申请。可以申请注销商标，也可申请注销该商标在部分指定商品或服务项目上的注册。注销申请经国家知识产权局核准后，其商标专用权自注销申请之日起终止。

17. 关于注册商标使用许可，下列说法错误的是（　　）。

   A. 注册商标的使用许可，是指商标注册人或其授权人通过签订商标使用许可合同，将其注册商标以一定的条件许可他人使用的行为

B. 通过许可使用制度，被许可人使用商标权人的商标的行为视为商标权人自己的使用，只要其授权的被许可人在真实有效地使用该注册商标，商标权人不会因自己未直接使用商标而导致商标权因三年不使用被撤销

C. 商标权的许可使用不同于转让商标，并不发生权利主体的变更

D. 商标许可类型包括独占许可、排他许可、普通许可、交叉许可

【答案】D

【解析】本题考查注册商标使用许可的概念意义。注册商标的使用许可，是指商标注册人或其授权人通过签订商标使用许可合同，将其注册商标以一定的条件许可他人使用的行为。商标许可类型包括独占许可、排他许可、普通许可。专利的许可包括交叉许可。

18. 关于注册商标使用许可备案的程序，下列说法错误的是（　　）。

A. 商标注册人可以通过签订商标许可使用合同，许可他人使用其注册商标

B. 许可人应当监督被许可人使用其注册商标的质量，被许可人应当保证使用该注册商标的商品质量

C. 经许可使用他人注册商标的，可根据实际情况有选择地在使用该注册商标的商品上标明被许可人的名称和商品产地

D. 许可他人使用其注册商标的，许可人应当将其商标使用许可报国家知识产权局备案，由国家知识产权局公告

【答案】C

【解析】本题考查注册商标使用许可备案的程序。商标注册人可以通过签订商标许可使用合同，许可他人使用其注册商标。许可人应当监督被许可人使用其注册商标的质量，被许可人应当保证使用该注册商标的商品质量。经许可使用他人注册商标的，必须在使用该注册商标的商品上标明被许可人的名称和商品产地。

19. 关于注册商标，下列说法错误的是（　　）。

A. 如果商标要继续保持注册，必须满足的条件之一就是该商标必须使用

B. 如果注册商标在法定期限内未能以法律法规认可的方式使用，该注册商标就可被撤销

C. 注册商标成为其核定使用的商品的通用名称的，任何单位和个人可以向国家

知识产权局申请注销该注册商标

D. 商标注册人在使用注册商标的过程中，自行改变注册商标、注册人名义、地址或者其他注册事项的，该商标可被撤销

【答案】C

【解析】本题考查注册商标的撤销与注销的区别。注册商标成为其核定使用的商品的通用名称的，任何单位和个人可以向国家知识产权局申请撤销该注册商标。

（二）多项选择题

1. 关于注册商标的续展，下列说法正确的有（　　）。

A. 每次续展注册的有效期为10年

B. 续展注册应缴纳续展注册费

C. 商标注册人应当在期满前6个月内按照规定办理续展手续

D. 商标注册人在续展期间内未办理续展手续的，可以给予6个月的宽展期，宽限期内不需要缴纳任何费用

E. 外国申请人可直接到国家知识产权局办理续展申请，也可以委托商标代理组织办理

【答案】A B

【解析】本题考查注册商标的续展。注册人应当在注册商标有效期届满前12个月内提出续展申请。如果未能在此期间提出申请的，法律还给予了6个月的宽限期。即在有效期届满后6个月内，可以允许办理续展注册的申请手续，但需缴纳延迟费。宽展期届满后，仍未申请续展的，由国家知识产权局注销该注册商标。

申请人可以直接到国家知识产权局办理续展申请，也可以委托商标代理组织办理。外国人或外国企业应当委托国家认可的具有商标代理资格的组织代理。申请文件包括：《商标续展注册申请书》；申请人身份证明文件（营业执照、身份证等）复印件；直接办理的，应附经办人的身份证复印件；委托代理组织办理的，应附商标代理委托书。

2. 关于注册商标的转让，下列说法中正确的有（　　）。

A. 转让集体商标的，受让人不受限制

B. 受让人应当保证使用该注册商标的商品质量

C. 对容易造成不良影响的商标转让，商标局不予核准

D. 转让注册商标的，应由转让人和受让人共同向商标局提出申请

E. 注册商标处于无效宣告程序中的，不得转让

【答案】B C D E

【解析】本题考查注册商标的转让。转让注册商标的，应由转让人和受让人共同向商标局提出申请。受让人应当保证使用该注册商标的商品质量。对容易导致混淆或者有其他不良影响的转让，商标局不予核准，书面通知申请人并说明理由。注册商标为被宣告无效的，可以申请转让。集体商标、证明商标申请转让，受让人应该符合《集体商标、证明商标注册和管理办法》规定的主体资格和资质要求。

3. 甲公司与乙公司约定由甲公司将其注册的商标"由我"质押给乙公司。2019年8月10日，商标局发放《商标专用权质押权登记证》。2020年8月20日，商标公告刊载了甲、乙公司的商标质权登记。下列说法正确的有（　　）。

A. 甲、乙公司之前应签订书面形式的《注册商标质押合同》

B. 甲、乙公司应共同向商标局申请商标专用权质押登记

C. 当甲公司不履行债务时，乙公司有权将"由我"商标专用权折价或以拍卖、变卖该商标专用权的价款优先受偿

D. "由我"商标质押质权生效的时间是2019年8月20日

E. "由我"商标质押质权生效的时间是2019年8月10日

【答案】A B C E

【解析】本题考查注册商标的质押。以注册商标专用权、专利权、著作权等知识产权中的财产权出质的，当事人应当订立书面合同。质权自有关主管部门办理出质登记时设立。以依法可以转让的商标专用权、专利权、著作权中的财产权出质的，出质人与质权人应当订立书面合同，并向其管理部门办理出质登记。质押合同自登记之日起生效。以注册商标专用权出质的，出质人与质权人应当签订书面质权合同，并共同向国家知识产权局提出质权登记申请，由国家知识产权局公告。

4. 关于商标注销，下列说法正确的有（　　）。

A. 商标注册人可以申请注销其注册商标

B. 商标注册人可以申请注销在部分指定商品或服务上的注册

C. 商标注册人连续3年未使用其注册商标的，商标局有权注销其注册商标

D. 商标注册人在续展注册宽展期结束后未申请续展的，由商标局注销其注册商标

E. 商标注册人注销在部分指定商品上的注册的，该注册商标专用权在该部分指定商品上的效力自商标注销公告之日起终止

【答案】A B D

【解析】本题考查注册商标的注销。商标注册人向国家知识产权局提交商标注销申请书，可以申请注销其注册商标。同时，商标注册人可以申请注销其注册商标或者注销其商标在部分指定商品或服务上的注册，经国家知识产权局核准注销的，该注册商标或者该注册商标专用权在该部分指定商品上的效力自国家知识产权局收到其注销申请之日起终止。《商标法》第49条规定，注册商标成为其核定使用的商品的通用名称或者没有正当理由连续三年不使用的，任何单位和个人可以向商标局申请撤销该注册商标，而非注销。注册商标的注销分为依申请注销和依职权注销，其中依职权注销是指，当注册商标有效期满后，在法律规定的宽展期内注册人仍未提出续展申请的，国家知识产权局注销该注册商标，该商标专用权自有效期满次日起终止。

5. 关于商标使用的法律效果，下列说法正确的有（　　）。

A. 商标的实际使用状况是能否获得驰名商标保护的重要条件

B. 商标的使用是维持和保护注册商标专用权的重要条件

C. 商标的使用是判断是否构成商标侵权行为的重要要件

D. 商标的使用是未注册商标获得被动保护的必要条件

E. 商标的使用是获得注册的前提条件

【答案】A B C D

【解析】本题考查注册商标的使用。商标的使用不是获得注册的前提条件。对于同日申请的商标，在先使用人享有注册优先权。商标的使用是维持和保持注册商标专用权、获得驰名商标保护的重要条件，也是判断是否构成商标侵权行为的重要条件。商标的使用状况是能否获得驰名商标保护的重要条件。

6. 关于注册商标的变更，下列说法正确的有（　　）。

A. 注册商标需要变更注册人的名义、地址或其他注册事项的，应当提出变更申请

B. 变更申请提交的文件包括变更申请书，法定代表人身份证明文件复印件，委托代理组织办理的应附商标代理委托书等

C. 申请人同时办理变更名称、地址的，可以在一份申请书中同时提出

D. 申请人名称、地址发生过多次变更的，需逐次办理

E. 申请人是外国人或外国企业的，应当委托依法设立的商标代理机构变更

【答案】A C E

【解析】本题考查商标的变更。注册商标需要变更注册人的名义、地址或其他注册事项的，应当提出变更申请。变更申请提交的文件包括变更申请书，申请人身份证明文件复印件，委托代理组织办理的应附商标代理委托书等。申请人名称、地址发生过多次变更的，无需逐次办理，可以直接变更至现有使用名称或地址。申请人是外国人或外国企业的，应当委托依法设立的商标代理机构变更。

7. 关于注册商标的质押，下列说法正确的有（　　）。

A. 以注册商标专用权出质的，当事人应当订立书面合同

B. 质权自质押合同签订之日起设立

C. 质权自有关主管部门办理出质登记时设立

D. 质押合同自登记之日起生效

E. 出质人与质权人订立书面合同，并由出质人向国家知识产权局提出质权登记申请

【答案】A C D

【解析】本题考查注册商标质押的法律规定。以注册商标专用权出质的，出质人与质权人应当订立书面合同，并共同向国家知识产权局提出质权登记申请，由国家知识产权局公告。质权自有关主管部门办理出质登记时设立。质押合同自登记之日起生效。

8. 根据申请变更的注册事项内容，下列属于注册商标的变更行为的有（　　）。

A. 变更注册人或申请人名义和地址

B. 变更国外注册人或申请人的中文译名

C. 变更共有商标的代表人

D. 变更企业法人代表

E. 删减商品或服务项目

【答案】A B C E

【解析】本题考查注册商标的变更。根据申请变更的注册事项内容，主要有以下几种变更申请：(1) 变更注册人或申请人名义和地址；(2) 变更国外注册人或申请人的中文译名；(3) 变更共有商标的代表人；(4) 变更集体商标、证明商标的管理规则或集体成员名单；(5) 变更商标注册申请的商标代理机构；(6) 变更文件接收人；(7) 删减商品或服务项目。

9. 关于注册商标注销，下列说法错误的有（   ）。

A. 注册商标注销包括依职权注销和依申请注销

B. 依申请注销，其商标专用权自国家知识产权局核准后，公告之日起终止

C. 依职权注销，其商标专用权自国家知识产权局核准后，公告之日起终止

D. 依申请注销，其商标专用权自注销申请之日起终止

E. 依职权注销，其商标专用权自有效期满次日起终止

【答案】B C

【解析】本题考查注册商标的注销。注册商标注销包括依职权注销和依申请注销，依申请注销指商标注册人向国家知识产权局提出注销申请。注销申请经国家知识产权局核准后，其商标专用权自注销申请之日起终止。依职权注销，指注册商标有效期满后，在法律规定的宽限期内注册人仍未提出续展申请的，国家知识产权局注销该注册商标，该商标专用权自有效期满次日起终止。

10. 收到转让申请之后，商标局需要对下列转让申请是否符合法定条件以书面审查方式进行审查的有（   ）。

A. 转让协议书

B. 转受让双方民事主体资格

C. 商标专用权权利有效性审查

D. 相同或者近似商标是否一并转让的审查

E. 对转让容易导致混淆的审查

【答案】B C D E

【解析】本题考查注册商标的转让。收到转让申请之后，商标局需要对转让申

请是否符合法定条件以书面审查方式进行审查：（1）转让申请文件；（2）转受让双方民事主体资格；（3）商标专用权权利有效性审查；（4）相同或者近似商标是否一并转让的审查；（5）对转让容易导致混淆或有其他不良影响的审查。

11. 关于商标的使用，下列说法正确的有（　　）。

A. 商标的使用是维持和保护注册商标专用权的必要条件

B. 商标的使用是判断是否构成商标侵权行为的重要条件

C. 商标的使用是未注册商标获得被动保护的必要条件

D. 商标的实际使用状况是能否获得驰名商标保护的重要条件

E. 商标的实际使用状况是能否获得驰名商标保护的必要条件

【答案】BCD

【解析】本题考查商标使用的内涵。商标的使用问题在现行商标法体系中有着重要意义，可以产生多项法律效果。商标的使用是判断是否构成商标侵权行为的重要条件。商标的使用是未注册商标获得被动保护的必要条件。对于同日申请的商标，在线使用人享有注册优先权。商标的实际使用状况是能否获得驰名商标保护的重要条件。

12. 关于冒充注册商标行为的主要表现，下列说法正确的有（　　）。

A. 商标使用人在未注册的商标上使用"注册商标"字样或注册标记注或®

B. 正在申请注册的商标，在国家知识产权局尚未核准注册前，使用人即在自己使用的商标上加注了"注册商标"字样或注册标记注或®

C. 商标使用人在未注册的商标上使用 TM（TradeMark）字样

D. 商标注册人超出了国家知识产权局核准注册商标核定使用商品（或服务）的范围使用注册商标，并标明"注册商标"字样或注册标记注或®

E. 商标注册人将两个或两个以上注册商标组合使用时仅使用一个注册标记，使他们误认为是一个注册商标的

【答案】ABDE

【解析】本题考查冒充注册商标的行为。冒充注册商标行为的主要表现有，商标使用人在未注册的商标上使用"注册商标"字样或注册标记注或®；正在申请注册的商标，在国家知识产权局尚未核准注册前，使用人即在自己使用的商标上加注

了"注册商标"字样或注册标记注或®；商标注册人超出了国家知识产权局核准注册商标核定使用商品（或服务）的范围使用注册商标，并标明"注册商标"字样或注册标记注或®；商标注册人将两个或两个以上注册商标组合使用时仅使用一个注册标记，使他人误认为是一个注册商标的。

13. 关于注册商标，下列可以被撤销的情形有（　　）。

A. 甲公司注册了"芒果"商标，甲公司并未使用，转让给了乙公司，乙公司 3 年内也未使用

B. 丙公司注册的商标成为其核定使用的商品的通用名称

C. 戊公司在使用注册商标的过程中，对商标作了修改

D. 丙公司在使用注册商标的过程中，对注册人名义作了修改

E. 甲公司在使用注册商标的过程中，对地址作了修改

【答案】B C D E

【解析】本题考查注册商标的撤销。实行商标注册制度的国家，如果连续 3 年不使用注册商标，该注册商标就可被撤销。转让是使用方式的一种。注册商标成为其核定使用的商品的通用名称或者没有正当理由连续 3 年不使用的，任何单位和个人可以向商标局申请撤销该注册商标。商标注册人在使用注册商标的过程中，自行改变注册商标、注册人名义、地址或者其他注册事项的，由地方工商行政管理部门责令限期改正；期满不改正的，由商标局撤销其注册商标。

14. 商标的印制是指印刷、制作带有商标的（　　）等商标标识的行为。

A. 包装物　　　　　　　　B. 标签

C. 说明书　　　　　　　　D. 合格证

E. 广告

【答案】A B C D

【解析】本题考查商标印制的概念。商标印制，是指印刷、制作带有商标的包装物、标签、封签、说明书、合格证等标识的行为。

15. 关于商标的许可使用的类型包括（　　）。

A. 独占许可　　　　　　　B. 普通许可

C. 排他许可　　　　　　　　D. 一般许可

E. 集体许可

【答案】A B C

【解析】本题考查的是商标许可使用的类型。包括独占许可、普通许可和排他许可。

16. 下列行为属于以未注册商标冒充注册商标的有（　　）。

    A. 商标使用人在未注册的商标上加注®

    B. 商标使用人在未注册的商标上加注 TM

    C. 商标使用人在未注册的商标上加注"注册商标"字样

    D. 商标注册人超出了商标局核准注册商标核定使用商品的范围使用注册商标，并标明注册标记®的

    E. 商标注册人将两个或两个以上注册商标组合使用时仅使用一个注册标记，使他人误认为 是一个注册商标的

【答案】A C D E

【解析】本题考查冒充注册商标的行为。冒充注册商标行为的主要表现有，商标使用人在未注册的商标上使用"注册商标"字样或注册标记或®；正在申请注册的商标，在国家知识产权局尚未核准注册前，使用人即在自己使用的商标上加注了"注册商标"字样或注册标记或®；商标注册人超出了国家知识产权局核准注册商标核定使用商品（或服务）的范围使用注册商标，并标明注册商标或注册标记注或®；商标注册人的注册商标因未续展、被撤销或者被宣告无效丧失了商标专用权，仍继续使用并加注"注册商标"字样或标注注册标记；商标注册人实际使用的商标改变核准的商标标志，与《商标注册证》上核定的商标标志存在实质差异，两者已不属近似商标，商标注册人在该商标上仍然标注注册标记或注册标记注或®；商标注册人将两个或者两个以上注册商标组合使用时仅使用一个注册标记，使他人误认为是一个注册商标的。

17. 关于商标和品牌的区别，下列说法正确的有（　　）。

    A. 品牌是商标的组成部分，是营造优势商标的基础

    B. 品牌可以作为商标注册，品牌受商标法律保护，是方便有效、强有力保护品牌信誉的一种方式

C. 商标是法律概念，侧重于法律规范，商标的使用有国界限制

D. 品牌是市场概念，侧重于市场营销，品牌没有国界限制

E. 商标和品牌都有时效限制，商标的时效性由法律规定，品牌的时效性由市场决定

【答案】B C D E

【解析】本题考查商标与品牌的联系和区别。商标是品牌的组成部分，是品牌中便于消费者识别的标志和名称，是营造优势品牌的基础。品牌可以作为商标注册，品牌受商标法律保护，是方便有效、强有力保护品牌信誉的一种方式。商标是法律概念，侧重于法律规范，商标的使用有国界限制。品牌是市场概念，侧重于市场营销，品牌没有国界限制。商标和品牌都有时效限制，商标的时效性由法律规定，期满可以续展，可以继承。品牌的时效性由市场决定，其存续时间取决于经营者的能力、运营方法、产品质量及市场机遇。

18. 下列属于商标品牌传播的主要手段的有（　　）。

A. 广告
B. 赠券、赠品、抽奖
C. 产品传播
D. 价格传播
E. 口碑和事件传播

【答案】A B C E

【解析】本题考查商标品牌传播的主要手段，包括广告、公关、销售促进传播、人际传播、产品传播、口碑和事件传播、新媒体传播。

19. 下列属于注册商标变更的主要内容的有（　　）。

A. 变更注册人或申请人名义和地址

B. 变更共有商标的代表人，变更集体商标、证明商标的管理规则或集体成员名单

C. 变更公司名称

D. 变更公司的法定代表人

E. 变更文件接收人，删减商品或服务项目

【答案】A B E

【解析】本题考查注册商标变更的主要内容。根据申请变更的注册事项内容，

注册商标需变更的主要内容包括变更注册人或申请人名义和地址，变更国外注册人或申请人的中文译名，变更共有商标的代表人，变更集体商标、证明商标的管理规则或集体成员名单，变更商标注册申请的商标代理机构，变更文件接收人，删减商品或服务项目。

20. 关于共有商标变更注意事项，下列说法正确的有（   ）。

   A. 共有商标变更代表人的，应当提交全体共有人签署的同意变更代表人的声明

   B. 办理删减商品或服务项目的，申请应由代表人提出，代表人可以取得其他共有成员书面同意文件

   C. 办理变更代理人时，申请人应当取得全体共有成员书面同意文件

   D. 办理变更文件接收人时，申请人应当取得全体共有成员书面同意文件

   E. 办理变更注册事项的，申请应由代表人提出，代表人应当取得其他共有成员书面同意文件

【答案】ACDE

【解析】本题考查注册商标变更办理程序。共有商标的变更应当注意，共有商标变更代表人的，应当提交全体共有人签署的同意变更代表人的声明，办理删减商品或服务项目或者变更注册事项的，申请应由代表人提出，代表人可以取得其他共有成员书面同意文件。办理变更代理人或文件接收人时，申请人应当取得全体共有成员书面同意文件。

21. 下列选项中有监管职责，可以根据违法行为的性质、情节分别处理直至追究刑事责任的部门有（   ）。

   A. 出版行政部门　　　　B. 国家知识产权局

   C. 公安部门　　　　　　D. 教育部门

   E. 市场监管部门

【答案】ACE

【解析】出版行政部门、市场监管部门、公安部门均有监管职责，可以根据违法行为的性质、情节分别处理直至追究刑事责任。

第七章　注册商标专用权的保护

一、知识点

掌握注册商标专用权保护的意义，了解注册商标专用权的权利限制，辨析注册商标专用权与其他在先权利的关系，掌握侵犯注册商标专用权行为的判定原则、判定因素和应承担的法律责任，熟悉侵犯注册商标专用权行为类型，了解侵犯注册商标专用权行为的行政处理和司法审判，辨析商标违法行为与商标侵权行为的关系，掌握驰名商标的定义、判定标准和保护程序，辨析驰名商标的保护与一般注册商标专用权保护的异同，了解商标代理制度的法律沿革、监管措施、法律规定以及违法代理应承担的法律责任，掌握企业海外商标风险防范及应急机制。

二、同步练习

（一）单项选择题

1. 关于注册商标与外观设计专利，下列说法错误的是（　　）。
A. 消费者混淆是判断侵犯注册商标专用权的重要参考因素
B. 消费者混淆是判断侵犯外观设计专利权的参考因素
C. 注册商标和外观设计都有装饰性，要增强工业品的美感
D. 注册商标和外观设计专利的保护期均为 10 年

【答案】C

【解析】本题考查注册商标与外观设计的区别。在判断是否侵犯注册商标专用权和侵犯外观设计专利权时，消费者混淆均是一个重要的参考因素。注册商标和外观设计专利权的保护期均为 10 年。注册商标和外观设计都有装饰性，但注册商标不

强调要增强工业品的美感。

2. 海口甲公司在茶馆项目上注册了"华夏椰子风"商标。2018 年 3 月 2 日，甲公司与兰州乙公司签订《商标使用许可合同》，约定乙公司在甘肃省内开设的茶馆可使用"华夏椰子风"商标，且甲公司不得在甘肃省内开设"华夏椰子风"茶馆，也不得授权任何第三方在甘肃省内开设"华夏椰子风"茶馆，合同有效期 10 年。2019 年 9 月 1 日，兰州丙公司在兰州市开设了一家"华夏椰子风"茶馆。下列说法正确的是（　　）。

A. 乙公司有权单独提起诉讼，要求丙公司的茶馆停止使用"华夏椰子风"

B. 在甲公司明确表示不起诉丙公司的情况下，乙公司才有权提起诉讼，要求丙公司的茶馆停止使用"华夏椰子风"

C. 乙公司只能和甲公司一起提起诉讼，要求丙公司的茶馆停止使用"华夏椰子风"

D. 乙公司无权要求丙公司的茶馆停止使用"华夏椰子风"

【答案】A

【解析】本题考查注册商标的许可。甲、乙公司之间的许可属于独占许可。独占使用许可的被许可人享有独占使用权，有权就商标侵权向法院提起诉讼。排他许可指被许可人可以和许可人一起起诉，在许可人不起诉的情况下，被许可人可单独起诉。普通许可指在获得明确授权后，被许可人可单独起诉。

3. 下列选项中，关于商标的说法不正确的是（　　）。

A. 商标与企业实体密不可分，企业实体消亡，如发生破产、倒闭等，商标也随之不存在

B. 商标只要有区别性，能够区别商品或服务的不同来源，不强调必须适用工业生产

C. 以他人肖像作为商标申请注册的，要取得肖像权人的同意，提供肖像使用授权书

D. 姓名权属于注册商标时应当考虑的在先权利的一种

【答案】A

【解析】本题考查注册商标专用权。企业实体消亡后，商标还存在。

4. 关于注册商标专用权的排他权范围，下列说法错误的是（　　）。

A. 禁止他人在与注册商标核定商品相同的商品上使用与注册商标相同的标志

B. 禁止他人在与注册商标核定商品类似的商品上使用与注册商标相同的标志

C. 禁止他人在与注册商标核定商品类似的商品上使用与注册商标近似的标志

D. 禁止他人在与注册商标核定商品不类似的商品上使用与注册商标近似的标志

【答案】D

【解析】本题考查注册商标专用权的概念和排他权的范围。注册商标专用权人有权禁止他人擅自在相同的商品上使用与自己注册商标相同的商标，同时还包括了注册商标专用权人有权禁止他人擅自在相同的商品上使用与自己注册商标相近似的商标，有权禁止他人在与自己核定的商品相类似的商品上使用与自己注册商标相同或近似的商标。

5. 在侵犯注册商标专用权行为的判定中，下列选项中说法不正确的是（　　）。

A. 尊重商标权人自主选择的意愿，其可以就商标纠纷自行协商或选择其他纠纷处理途径

B. 凡注册商标，在其丧失权利之前都应受到法律保护

C. 如果商标注册人在使用注册商标过程中存在违反《商标法》或《商标法实施条例》的情形，他人擅自使用与该注册商标相同或近似的商标的，仍应认定为商标侵权行为

D. 他人擅自使用与注册商标相同或者近似的商标，如果其商品质量优于商标注册人的商品质量，则不应认定为侵权行为

【答案】D

【解析】本题考查侵犯注册商标专用权行为的判定。选项D违背了侵权注册商标专用权行为判定的"不以商品质量优劣作为判定标准"原则。

6. 下列选项中，法律未禁止的行为包括（　　）。

A. 使用他人注册商标中的文字或图形等要素，用以善意地描述自己商品或服务的特征、产地等情况的行为

B. 将他人的未注册驰名商标作为企业字号使用

C. 将"驰名商标"字样用于广告宣传、展览以及其他商业活动的

D. 翻译他人已经在中国注册的驰名商标，在不相类似商品上申请注册商标的

【答案】A

【解析】本题考查判定驰名商标的标准。选项B、C、D均不符合关于驰名商标使用和保护的相关规定。

7. 下列选项中不属于注册商标专用权的权利限制的是（　　）。

A. 他人对注册商标的描述性使用

B. 他人对注册商标的说明性使用

C. 他人对注册商标的在先使用

D. 他人购入注册商标产品后，删除原有商标，使用自己的商标销售

【答案】D

【解析】本题考查注册商标专用权的权利限制。在一些特定情况下，他人对注册商标相同或者近似标识的使用并不构成侵权。例如，(1) 描述性使用，是指使用他人注册商标中的文字或图形等要素，用以善意地描述自己商品或服务地特征、产地等情况的行为；(2) 说明性使用，是指使用他人注册商标中的文字或图形等要素，用以说明自己提供的商品或服务，不会导致消费者对商品或服务来源的混淆；(3) 在先使用，是指商标注册人申请商标注册前，他人已经在同一种商品或者类似商品上先于商标注册人使用与注册商标相同或者近似并有一定影响的商标；(4) 商标权用尽，又称商标权穷竭，是指商标注册人自己或许可他人将使用注册商标的商品投放市场后，他人无须商标注册人允许便可再次转售或者其他方式向公众提供，包括为此目的在广告宣传中使用。

8. 下列选项中，关于驰名商标说法不正确的是（　　）。

A. 《巴黎公约》和《与贸易有关的知识产权协定》将驰名商标列入了保护范围

B. 未注册驰名商标也可以受到法律保护

C. 仅在国外驰名但在中国并不驰名的商标也可受到我国商标法对驰名商标的特殊保护

D. 证明商标驰名的证据材料中，证明相关公众对该商标知晓程度的材料包括其获得的各类荣誉称号等

【答案】C

【解析】本题考查驰名商标的保护。仅在国外驰名但在中国并不驰名的商标,不受我国商标法对驰名商标的特殊保护。

9. 下列选项中,不属于《商标法》规定的侵犯注册商标专用权行为应承担的行政责任的是( )。

A. 对直接负责的主管人员和其他直接责任人员给予警告

B. 没收、销毁侵权商品和主要用于制造侵权商品、伪造注册商标标识的工具

C. 违法经营额 5 万元以上的,处违法经营额 5 倍以下的罚款

D. 责令立即停止侵权行为

【答案】A

【解析】本题考查侵犯注册商标专用权行为的法律责任。《商标法》第 60 条规定,有本法第 57 条所列侵犯注册商标专用权行为之一,引起纠纷的,由当事人协商解决;不愿协商或者协商不成的,商标注册人或者利害关系人可以向人民法院起诉,也可以请求工商行政管理部门处理。

工商行政管理部门处理时,认定侵权行为成立的,责令立即停止侵权行为,没收、销毁侵权商品和主要用于制造侵权商品、伪造注册商标标识的工具,违法经营额 5 万元以上的,可以处违法经营额 5 倍以下的罚款,没有违法经营额或者违法经营额不足 5 万元的,可以处 25 万元以下的罚款。对 5 年内实施两次以上商标侵权行为或者有其他严重情节的,应当从重处罚。销售不知道是侵犯注册商标专用权的商品,能证明该商品是自己合法取得并说明提供者的,由工商行政管理部门责令停止销售。

10. 下列关于判断两个注册商标是否相同或近似的方法不包括( )。

A. 逐一比对　　B. 整体比对　　C. 要部比对　　D. 隔离比对

【答案】A

【解析】本题考查商标相同或者近似的判定。《最高人民法院关于审理商标民事纠纷案件适用法律若干问题的解释》第 10 条规定,人民法院依据商标法第 52 条第(1)项的规定,认定商标相同或者近似按照以下原则进行:(1) 以相关公众的一般注意力为标准;(2) 既要进行对商标的整体比对,又要进行对商标主要部分的比对,比对应当在比对对象隔离的状态下分别进行;(3) 判断商标是否近似,应当考

虑请求保护注册商标的显著性和知名度。整体比对，是指将商标作为一个整体来进行观察，考虑商标的整体印象，而不是仅仅将商标的各个构成要素抽离出来分别进行比对，有些商标各个要素并不相似，但由于采用了相近的结构而导致整体的相似。要部比对，是指将商标中发挥主要识别作用的显著识别部分抽出来进行重点比较和对照，这是由于消费者往往会根据商标中给人留下深刻印象的要素来区分商品。隔离比对，是指将注册商标与涉嫌侵权的商标放置于不同的地点在不同的时间进行观察比对，而不是把两个要比对的商标摆放在一起进行对比观察，以模拟消费者凭借对商品的既有印象选购商品的真实场景。

11. 下列选项中，商品与服务相类似判定的主要原则是（　　）。

A. 不以商品质量优劣作为判定标准

B. 坚持混淆理论

C. 商标注册人违法使用不影响侵权行为定性

D. 尊重当事人合法权益

【答案】B

【解析】本题考查商品与服务的相似判定。选项A、C、D是侵犯注册商标专用权行为的判定原则。

12. 为侵犯他人注册商标专用权提供网络商品交易平台的人，承担商标侵权责任的主要要件是（　　）。

　　A. 过错　　　　B. 故意　　　　C. 与有过失　　　　D. 共同过失

【答案】B

【解析】《商标法》第57条规定，注册商标的侵权行为包括故意为侵犯他人商标专用权行为提供便利条件，帮助他人实施侵权商标专用权行为的，这种行为属于帮助侵权行为。《商标法实施条例》第75条规定，为侵犯他人商标专用权提供仓储、运输、邮寄、印制、隐匿、经营场所、网络商品交易平台等，属于《商标法》第57条第（6）项规定的提供便利条件。但该行为也存在限制性要件，即提供便利条件的行为人应当存在主观故意。

13. 根据《刑法》第213条的规定，未经注册商标所有人许可，在同一种商品上使用与其注册商标相同的商标，情节严重的，处（ ）以下有期徒刑或拘役，并处或者单处罚金。

  A. 1 年   B. 3 年   C. 5 年   D. 7 年

【答案】B

【解析】本题考查侵犯注册商标专用权行为的法律责任。《刑法》第 213 条规定，未经注册商标所有人许可，在同一种商品上使用与其注册商标相同的商标，情节严重的，处 3 年以下有期徒刑或拘役，并处或者单处罚金；情节特别严重的，处 3 年以上 7 年以下有期徒刑，并处罚金。

14. 在查处商标侵权案件过程中，对商标权属存在争议或者权利人同时向人民法院提起商标侵权诉讼的，工商行政管理部门可以（ ）案件的查处。

  A. 终止   B. 移送   C. 终结   D. 中止

【答案】D

【解析】本题考查侵权注册商标专用权的行政救济。《商标法》第 62 条第 3 款规定，在查处商标侵权案件过程中，对商标权属存在争议或者权利人同时向人民法院提起商标侵权诉讼的，工商行政管理部门可中止案件的查处。中止原因消除后，应当恢复或者终结案件查处程序。

15. 下列属于我国驰名商标保护原则的是（ ）。

  A. 批量认定   B. 主动保护   C. 注册保护   D. 个人认定

【答案】D

【解析】本题考查驰名商标保护原则。按照《商标法》第 14 条的规定，我国对驰名商标遵循个案认定、被动保护的原则。

16. 只有经过（ ）认定的驰名商标，才可受到特别保护。

  A. 国家知识产权局   B. 国家工商管理总局

  C. 商务部   D. 商标评审委员会

【答案】A

【解析】本题考查驰名商标保护原则。只有经过国家知识产权局和人民法院依法认定的驰名商标，才可受到特别保护。任何其他组织和个人都没有认定和保护驰名商标的法定职能，不得认定或者采取其他方式变相认定驰名商标。

(二) 多项选择题

1. 饮马镇的甲公司注册了"饮马"商标，核定商品为"大米"。下列说法中正确的有（　　）。

A. 甲公司有权禁止他人在面粉上使用"饮马"商标

B. 甲公司有权禁止乙公司在店铺上使用说明文字"饮马镇正宗肉火烧，3元/个"

C. 甲公司无权禁止佳乐家超市使用"本店销售饮马镇优质大米"

D. 甲公司有权禁止饮马镇农民小红在自家承包地出产的大米上标注"饮马镇出产"

E. 甲公司有权禁止饮马镇农民小雨在自家承包地出产的大米上标注"饮马"牌大米

【答案】A C E

【解析】本题考查注册商标专用权保护的概念。面粉与大米属于类似商品，甲公司有权禁止他人在相同或类似商品上使用相同商标。乙公司、佳乐家超市、小红对"饮马"的使用属于对饮马镇地名的正当使用，甲公司无权禁止。

2. 关于驰名商标的保护方式，下列说法正确的有（　　）。

A. 尚未在中国注册的驰名商标，保护范围仅限于相同或类似的商品或服务

B. 已在中国注册的驰名商标，保护范围仅限于不相同或不相类似的商品或服务

C. 侵犯驰名商标专用权的商标不得注册，但可以使用

D. 将他人未注册的驰名商标作为企业名称中的字号使用，误导公众的，构成不正当竞争行为

E. 商标注册人不得将"驰名商标"字样用于广告宣传

【答案】A B D E

【解析】本题考查驰名商标的保护方式。《商标法》第13条第2款规定，就相同或者类似商品申请注册的商标是复制、摹仿或者翻译他人未在中国注册的驰名商标，容易导致混淆的，不予注册并禁止使用。第3款规定，就不相同或者不相类似商品申请注册的商标是复制、摹仿或者翻译他人已经在中国注册的驰名商标，误导公众，致使该驰名商标注册人的利益可能受到损害的，不予注册并禁止使用。第14

条规定,生产、经营者不得将"驰名商标"字样用于商品、商品包装或者容器上,或者用于广告宣传、展览以及其他商业活动中。第58条规定,将他人注册商标、未注册的驰名商标作为企业名称中的字号使用,误导公众,构成不正当竞争行为的,依照《反不正当竞争法》处理。

3. 在海外进行商标申请时,应当考虑作出市场布局的地点包括(   )。

A. 商品或服务的出口国　　　　B. 主要竞争对手所在国

C. 投资地或潜在的投资地　　　D. 贸易中心所在地

E. 世界各国,只要有知识产权法保护的国家或地区

【答案】A B C D

【解析】本题考查海外商标风险预警。选项A、B、C、D均属于在海外进行商标申请时应当考虑作出市场布局的地点。

4. 根据《商标法》的规定,认定驰名商标应考虑的因素包括(   )。

A. 相关公众对该商标的知晓程度

B. 使用该商标的商品的平均利润率

C. 该商标使用的持续时间

D. 商标注册人为外国企业的,该商标在国外的知晓程度

E. 该商标作为驰名商标受保护的记录

【答案】A C E

【解析】本题考查驰名商标的认定。《商标法》第14条规定,驰名商标应当根据当事人的请求,作为处理涉及商标案件需要认定的事实进行认定。认定驰名商标应当考虑下列因素:(1)相关公众对该商标的知晓程度;(2)该商标使用的持续时间;(3)该商标的任何宣传工作的持续时间、程度和地理范围;(4)该商标作为驰名商标受保护的记录;(5)该商标驰名的其他因素。

5. 下列选项中,属于侵犯注册商标专用权损害赔偿数额确定方式的有(   )。

A. 侵权人因侵权行为所受到的实际损失

B. 侵权人因侵权所获得的利益

C. 商标许可使用费的倍数合理

D. 人民法院根据权利人的请求判决予以五百万元以下的赔偿

E. 惩罚性赔偿，一至五倍

【答案】A B C E

【解析】本题考查侵犯注册商标专用权的法律责任。选项D应为"人民法院根据侵权行为的情节判决予以五百万元以下的赔偿"。侵犯注册商标专用权的行为的民事责任，关于损害赔偿：（1）赔偿数额以补偿性赔偿为基础，以惩罚性赔偿为补充；（2）赔偿数额的计算方式：权利人的实际损失、侵权人的侵权获利、商标许可使用费的合理倍数、法定赔偿；（3）惩罚性赔偿，一至五倍；（4）两种可予免除赔偿责任的例外情形，注册商标专用权人未使用注册商标的以及销售不知道是侵犯注册商标专用权商品的。

6. 关于商标专用权与企业名称权的关系，下列说法正确的有（　　）。

A. 商标是区别商品或服务不同来源的标记

B. 企业名称是区别不同企业的标志

C. 从权利范围来看，商标在全国范围内得到保护

D. 从权利范围来看，企业名称在全国范围内得到保护

E. 商标由国家知识产权局统一注册，企业名称由工商管理总局统一登记

【答案】A B C

【解析】本题考查注册商标专用权与企业名称权的关系。两者有紧密的联系，不少企业将商标作为其企业名称中的字号部分加以登记。从功能来看，商标是区别商品或服务不同来源的标记，企业名称是区别不同企业的标志。从权利范围来看，商标在全国范围内得到保护，企业名称由县级以上市场监督管理部门登记。商标由国家知识产权局统一注册，企业名称由县级以上市场监督管理部门登记。

7. 关于注册商标专用权与外观设计的关系，下列说法正确的有（　　）。

A. 商标是由文字、图形或其他组合构成的标志

B. 外观设计是对产品的形状、图案、色彩或者其他组合所作出的带有装饰作用并运用于工业产品的新设计

C. 商标只要有区别性，能够区别商品或服务的不同来源，增强商品或服务的美感

D. 外观设计要用于工业品，能够重复大量生产，带有装饰作用

E. 外观设计的目的是鼓励设计者创造出更多更好的产品外观,增强工业品的美感

【答案】A B D E

【解析】本题考查注册商标专用权与外观设计的关系。商标是由文字、图形或其他组合构成的标志。外观设计是对产品的形状、图案、色彩或者其他组合所作出的带有装饰作用并运用于工业产品的新设计。商标只要有区别性,能够区别商品或服务的不同来源,不必强调必须适用工业生产,不必具有美感。外观设计要用于工业品,能够重复大量生产,带有装饰作用。

8. 下列关于侵犯注册商标专用权的行为,承担民事责任的方式主要包括（　　）。

A. 停止侵权　　　B. 赔偿损失　　　C. 警告　　　D. 罚款

E. 拘役

【答案】A B

【解析】本题考查侵犯注册商标专用权行为的法律责任。商标侵权属于特殊的民事侵权行为,应当依据《商标法》的有关规定承担民事责任。

9. 根据《商标法实施条例》第78条的规定,计算"违法经营额"时,可以考虑的因素主要有（　　）。

A. 侵权商品的销售价格

B. 未销售侵权商品的标价

C. 已查清侵权商品实际销售的平均价格

D. 侵权商品的市场中间价格

E. 侵权人因侵权所产生的营业收入

【答案】A B C E

【解析】本题考查侵犯注册商标专用权行为的行政责任。《商标法实施条例》第78条规定,计算《商标法》第60条规定的违法经营额,可以考虑下列因素:（1）侵权商品的销售价格;（2）未销售侵权商品的标价;（3）已查清侵权商品实际销售的平均价格;（4）被侵权商品的市场中间价格;（5）侵权人因侵权所产生的营业收入;（6）其他能够合理计算侵权商品价值的因素。

10. 关于侵犯注册商标专用权行为的行政责任，下列说法正确的有（　　）。

A. 侵犯注册商标专用权的行为损害公共利益，如果行政机关进行立案查处的，侵权人除承担民事责任外还应承担行政责任，主要包括停止侵权、警告、罚款等

B. 行政机关处理时，认定侵权行为成立的，违法经营额5万元以上的，可以处违法经营额五倍以上的罚款

C. 没有违法经营额，可以处25万元以下的罚款

D. 违法经营额不足5万元的，可以处25万元以下的罚款

E. 对5年内实施两次以上商标侵权行为或者有其他严重情节的，应当从重处罚

【答案】A C D E

【解析】本题考查侵犯注册商标专用权行为的行政责任。侵犯注册商标专用权的行为损害公共利益，如果行政机关进行立案查处的，侵权人除承担民事责任外还应承担行政责任，主要包括停止侵权、警告、罚款等。行政机关处理时，认定侵权行为成立的，违法经营额5万元以上的，可以处违法经营额五倍以下的罚款。没有违法经营额或违法经营额不足5万元的，可以处25万元以下的罚款。对5年内实施两次以上商标侵权行为或者有其他严重情节的，应当从重处罚。

11. 关于侵犯注册商标专用权行为的刑事责任，下列说法正确的有（　　）。

A. 假冒注册商标是一种严重的商标侵权行为，情节严重的假冒注册商标行为须承担刑事责任

B. "情节严重"根据相关司法解释的规定，包括违法经营数额在5万元以上

C. "情节严重"根据相关司法解释的规定，包括违法所得额在5万元以上

D. "情节严重"根据相关司法解释的规定，包括假冒两种以上注册商标，非法经营数额在3万元以上

E. "情节严重"根据相关司法解释的规定，包括假冒两种以上注册商标，违法所得额在2万元以上

【答案】A B D E

【解析】本题考查侵犯注册商标专用权行为的刑事责任。假冒注册商标是一种严重的商标侵权行为，情节严重的假冒注册商标行为须承担刑事责任。这里的"情节严重"根据相关司法解释的规定，包括违法经营数额在5万元以上或违法所得额

在 3 万元以上；假冒两种以上注册商标，非法经营数额在 3 万元以上或违法所得额在 2 万元以上。

12. 关于驰名商标的概念，下列说法正确的有（　　）。

A. 驰名商标，是指经过长期广泛的使用或持续的宣传推广，享有了较高知名度，为相关公众所熟知的商标

B. 相关公众包括与使用商标所标识的某类商品或服务有关的消费者

C. 相关公众包括生产前述商品或者提供服务的其他经营者

D. 相关公众包括经销渠道中所涉及的销售者和相关人员

E. 驰名商标须是已经注册的商标

【答案】A B C D

【解析】本题考查驰名商标的概念。驰名商标，是指经过长期广泛的使用或持续的宣传推广，享有了较高知名度，为相关公众所熟知的商标。相关公众包括与使用商标所标识的某类商品或服务有关的消费者，生产前述商品或者提供服务的其他经营者，经销渠道中所涉及的销售者和相关人员等。驰名商标保护不受是否注册的限制，未注册驰名商标也可以受到法律保护。

13. 下列关于侵犯注册商标专用权行为的类型主要包括（　　）。

A. 未经商标注册人的许可，在同一种商品上使用与其注册商标相同商标

B. 未经商标注册人的许可，在同一种商品上使用与其注册商标近似的商标，容易导致混淆的

C. 未经商标注册人的许可，在类似商品上使用与其注册商标相同或近似的商标，容易导致混淆的

D. 经商标注册人同意，更换其注册商标并将该更换商标的商品又投入市场

E. 销售侵犯注册商标专用权的商品

【答案】A B C E

【解析】本题考查侵犯注册商标专用权的行为类型。《商标法》第 57 条规定，有下列行为之一的，均属侵犯注册商标专用权：(1) 未经商标注册人的许可，在同一种商品上使用与其注册商标相同商标；(2) 未经商标注册人的许可，在同一种商品上使用与其注册商标近似的商标，或者在类似商品上使用与其注册商标相同或近

似的商标，容易导致混淆的；（3）销售侵犯注册商标专用权的商品的；（4）伪造、擅自制造他人注册商标标识或者销售伪造、擅自制造的注册商标标识的；（5）未经商标注册人同意，更换其注册商标并将该更换商标的商品又投入市场的；（6）故意为侵犯他人商标专用权行为提供便利条件，帮助他人实施侵犯商标专用权行为的；（7）给他人的注册商标专用权造成其他损害的。

14. 下列属于销售不知道是侵犯注册商标专用权的商品，能证明善意销售者，不需要承担民事赔偿责任的情形有（　　）。

　　A. 有供货单位合法签章的供货清单和货款收据且经查证属实的

　　B. 有供货单位合法签章的供货清单和货款收据且供货单位认可的

　　C. 能够证明不是自己生产的

　　D. 能够证明自己是受第三方委托销售的

　　E. 有合法进货发票且发票记载事项与涉案商品对应的

【答案】A B E

【解析】本题考查侵犯注册商标专用权行为的法律责任。《商标法》规定了两种可以免除赔偿责任的例外情形，其中之一是销售者不知情的。《商标法》第64条第2款规定，销售不知道是侵犯注册商标专用权的商品，能证明善意销售者，不需要承担民事赔偿责任。《商标法实施条例》第79条规定，下列情形属于《商标法》第60条规定的能证明该商品是自己合法取得的情形：（1）有供货单位合法签章的供货清单和货款收据且经查证属实或供货单位认可的；（2）有供销双方签订的进货合同且经查证已真实履行的；（3）有合法进货发票且发票记载事项与涉案商品对应的；（4）其他能够证明合法取得涉案商品的情形。

15. 关于侵犯注册商标专用权行为的，下列属于免除赔偿责任的例外情形的有（　　）。

　　A. 注册商标专用权人不能证明此前3年内实际使用过该注册商标的

　　B. 注册商标专用权人不能证明因侵权行为受到其他损失的

　　C. 注册商标专用权人不能证明商标真实有效的

　　D. 注册商标专用权人不能证明商标是自己合法取得的

　　E. 注册商标专用权人不能证明商标还在有效期内的

【答案】A B

【解析】《商标法》规定了两种可以免除赔偿责任的例外情形。一是未使用无混淆的。注册商标专用权人不能证明此前3年内实际使用过该注册商标，也不能证明因侵权行为受到其他损失的，被控侵权人不承担赔偿责任。二是销售者不知情的。销售不知道是侵犯注册商标专用权的商品，能证明该商品是自己合法取得并说明提供者的，不承担赔偿责任。

（三）案例分析

甲公司在手机这一类别上注册了"大米"商标，乙公司以500元/部的价格在丙公司处定制了没有标识的手机3000部，并以30元/套的价格委托丁公司印制了"大米"标识和带有"大米"注和®标识的包装盒3000套。乙公司自行在丙公司所生产的手机上贴上"大米"标识，并以每部1000元的价格销售给戊公司1000部。戊公司在电商平台M上以1300元/部的价格进行销售，被甲公司发现后投诉至平台。随后平台关闭了戊公司在平台的网店，此时戊公司已售出20部手机。请结合这一案例，回答以下问题：

1. 构成侵犯甲公司注册商标专用权行为的主体有（　　）。

A. 乙公司　　　　　　　　B. 丙公司

C. 丁公司　　　　　　　　D. 戊公司

E. 电商平台M

【答案】A C D

2. 构成假冒甲公司注册商标行为的有（　　）。

A. 乙公司　　　　　　　　B. 丙公司

C. 丁公司　　　　　　　　D. 戊公司

【答案】A

3. 如果甲公司请求市场监督管理部门对戊公司的行为进行查处，下列说法正确的有（　　）。

A. 可对戊公司负责人处2年有期徒刑

B. 可对戊公司负责人处1000万元罚款

C. 戊公司负责人能证明其购买的手机是合法取得且不知情的可以不承担赔偿责任

D. 戊公司负责人能证明其购买的手机是合法取得且不知情的可以免除罚款责任

【答案】C

【解析】乙公司：未经甲公司许可，在同一种商品（手机）上使用了与甲公司注册商标相同的商标，侵犯了甲公司注册商标专用权的行为，同时也构成了假冒注册商标的行为。

丙公司：受乙公司委托制造了没有标识的手机，不构成商标侵权。

丁公司：为乙公司的手机印制了带有甲公司注册商标相关标识和带有标识的包装盒，为乙公司销售手机行为提供了便利，侵犯了甲公司注册商标专用权。

戊公司：销售了乙公司的产品，即销售了侵犯注册商标专用权的产品，也构成了商标侵权。

电商平台M：在不知情的情况下为销售乙公司产品提供了便利，不构成商标侵权。

从特定民事主体权利的角度看，侵犯注册商标专用权的行为损害了商标注册人的利益，影响了注册商标所承载的商誉，弱化了注册商标的区别作用，侵权人应当承担民事责任。依据《商标法》的规定，有两种责任类型：一是停止侵权：（1）与侵权人的主观因素无关；（2）表现为停止继续生产或销售侵权商品等。二是损害赔偿：（1）赔偿数额以补偿性赔偿为基础，以惩罚性赔偿为补充；（2）赔偿数额的计算方式：权利人的实际损失、侵权人的侵权获利、商标许可使用费的合理倍数、法定赔偿；（3）惩罚性赔偿，一至五倍；（4）两种可予免除赔偿责任的例外情形，注册商标专用权人未使用注册商标的以及销售不知道是否侵犯注册商标专用权商品的。

第八章 著作权

一、知识考点

熟悉著作权制度的历史发展，掌握作品的概念、要件、种类，理解民间文学艺术作品概念、类型以及保护的特殊规定，掌握著作权客体的排除对象，掌握著作权的登记类型和效力，理解著作权的主体，理解特殊情况下的著作权归属，掌握著作权集体管理组织的性质以及设立条件，熟悉著作权集体管理组织的机构及其运行方式和法律责任，比较著作权的人身权、财产权、邻接权的区别，熟悉著作权合理使用制度，掌握著作权转让与许可的关系，理解著作权转让合同的概念、特点和主要内容，分析独占许可、排他许可与普通许可的异同，分析意定许可、法定许可与强制许可的异同，熟悉著作权质押、资本市场与证券化，掌握侵犯著作权的行为及其法律责任，理解网络服务提供者的法律责任，理解技术措施及相关法律责任，掌握著作权国际保护的发展状况以及基本原则。

二、同步练习

（一）单项选择题

1. 下列法律文件第一次确认了作者对其作品享有财产权，同时也被视为是世界上第一部真正意义上的著作权法的是（　　）。

A.《作者权法》　　　　　　　　B.《大清著作权律》
C.《伯尔尼公约》　　　　　　　D.《安娜女王法》

【答案】D

【解析】本题考查著作权制度的起源。1709 年，《安娜女王法》在英国第一次确认了作者对其作品享有财产权,并确立了作者在著作权法上的主体地位。《安娜女王法》废除了印刷特许制度,著作权的私权属性开始显现,该法因此也被视为世界上第一部真正意义上的著作权法。1793 年,法国颁布了《作者权法》,这部法律的一个重要特点是不仅承认作者对作品的财产权,还承认作者对其作品的人身权。清末时期颁布的《大清著作权律》是我国第一部具有现代著作权法特征的法律。1866 年《伯尔尼公约》是关于著作权保护的国际条约。

2. 世界上第一部规定作者对作品享有人身权的立法是（　　）。

A. 《安娜女王法》　　　　B. 《作者权法》

C. 《美墨加贸易协定》　　D. 《跨太平洋伙伴关系协定》

【答案】B

【解析】本题考查著作权制度的起源与发展方向。1709 年,《安娜女王法》在英国第一次确认了作者对其作品享有财产权,同时也被认为是世界上第一部真正意义上的著作权法。1793 年,法国的《作者权法》不仅承认作者对作品的财产权,同时确认作者对作品享有人身权。

3. 有关中国历史上第一部专门保护著作权的法律是（　　）。

A. 《大清著作权律》

B. 《关于书籍稿酬的暂行规定》

C. 《关于图书、期刊著作权保护试行条例》

D. 《保障出版物著作权暂行规定》

【答案】A

【解析】本题考查我国著作权制度的建立与发展。我国第一部具有现代著作权法特征的法律是清末时期颁布的《大清著作权律》。

4. 《著作权法》所称作品,是指文学,艺术和科学领域内具体有（　　）并能以一定形式表现的智力成果。

A. 实用性　　B. 新颖性　　C. 合法性　　D. 独创性

【答案】D

【解析】本题考查的是作品的概念。我国《著作权法》所称作品,指文学、艺术和科学领域内具有独创性并能以一定形式表现的智力成果。

5. 某 KTV 在经营过程中产生的下列劳动成果中受著作权保护的是（　　）。

A. 果盘的摆放方式　　　　　B. 服务员的着装标准

C. 包间的设计风格　　　　　D. 新员工培训手册

【答案】D

【解析】本题考查作品的概念。我国《著作权法》所称作品，指文学、艺术和科学领域内具有独创性并能以一定形式表现的智力成果。

6. 下列选项中不属于著作权法保护的作品范围的是（　　）。

A. 拍摄星空的照片　　　　　B. 某歌手的新歌专辑

C. 电视剧《觉醒年代》　　　D. 大猩猩完成的自拍照

【答案】D

【解析】本题考查作品的要件。构成著作权法意义上的"作品"应当满足3项要件：（1）作品应当是人类智力创作成果的体现，纯粹自然的产物不能构成作品；（2）作品应当具有独创性，独创性强调独立创作完成、体现作者的选择和判断以及达到一定的创作高度，其中的智力成分不能过于微不足道；（3）作品应当可被复制，复制的前提是作品需要以一定的外在形式固定下来，并能被外界所感知。

7. 下列选项中，属于口述作品的是（　　）。

A. 小说　　　　　　　　　　B. 即兴法庭辩论

C. 评书　　　　　　　　　　D. 书法

【答案】B

【解析】本题考查作品的种类。口述作品，是指即兴的演说、授课、法庭辩论等以口头语言形式表现的作品。小说属于文字作品。评书属于曲艺作品。书法属于美术作品。各类作品的保护对象是常见的考试内容。

8. 我国著作权法不予保护的对象不包括（　　）。

A. 时事新闻

B. 通用公式

C. 口述作品

D. 具有立法、行政、司法性质的文件的官方正式译文

【答案】C

【解析】本题考查著作权客体的排除对象。根据《著作权法》，不适用《著作权法》保护的对象主要包括：（1）法律、法规，国家机关的决议、决定、命令和其他具有立法、行政、司法性质的文件，及其官方正式译文；（2）通过报纸、期刊、广播电台、电视台等媒体报告的单纯事实消息；（3）历法、通用数表、通用表格和公式。口述作品属于我国《著作权法》中规定的作品类型。

9. A电视台经过主办方的授权，对某篮球比赛进行现场直播，并聘请某极具个人风格的解说员进行实时解说。B电视台未经许可截取电视信号，对比赛画面及实时解说进行同步转播。下列说法正确的是（   ）。

A. B电视台的行为侵犯了主办方对篮球比赛的著作权

B. B电视台的行为侵犯了篮球运动员的表演者权

C. B电视台的行为并不侵犯解说员的权利

D. B电视台侵犯了甲电视台的播放者权

【答案】D

【解析】本题考查体育比赛中的著作权问题。体育比赛并非"作品"，主办方并不享有对篮球比赛的著作权。运动员不属于"表演者"，并不享有表演者权。解说员极具个人风格的解说可能构成口述作品，享有其作品的著作权。广播电台、电视台对其播放的广播、电视享有播放者权，有权禁止未经其许可的转播行为。

10. 下列选项中不属于民间文学艺术作品的是（   ）。

A. 四川民歌《茉莉花》　　　　B. 傣族舞蹈

C. 电影《刘三姐》　　　　　　D. 綦江版画

【答案】C

【解析】本题考查民间文学艺术作品的类型。民间文学艺术作品包括但不限于以下类型：（1）民间故事、传说、诗歌、歌谣、谚语等以言语或者文字形式表达的作品；（2）民间歌曲、器乐等以音乐形式表达的作品；（3）民间舞蹈、歌舞、戏曲、曲艺等以动作、姿势、表情等形式表达的作品；（4）民间绘画、图案、雕塑、造型、建筑等以平面或者立体形式表达的作品。

11. 下列关于民间文学艺术作品的说法错误的是（　　）。

A. 民间文学艺术作品，是指由特定的民族、族群或者社群内不特定成员集体创作和世代传承，并体现其传统观念和文化价值的文学艺术的表达

B. 民间文学艺术通常仅在本民族、族群或者社群所在地域范围内流传，在世代传承过程中，其特征不发生变化

C. 民间文学艺术作品包括民间故事、传说、诗歌、歌谣、谚语等以言语或者文字形式表达的作品，民间歌曲、器乐等以音乐形式表达的作品，民间绘画、图案、雕塑、造型、建筑等以平面或者立体形式表达的作品等

D. 根据我国《著作权法》，民间文学艺术作品的著作权保护办法由国务院另行规定。在保护期方面，民间文学艺术作品的著作权保护期不受时间限制

【答案】B

【解析】本题考查民间文学艺术作品的概念。《著作权法》第6条规定，民间文学艺术作品的著作权保护办法由国务院另行规定。民间文学艺术作品，是指由特定的民族、族群或者社群内不特定成员集体创作和世代传承，并体现其传统观念和文化价值的文学艺术的表达。民间文学艺术作品反映了一个民族、族群或者社群文化艺术遗产的独特部分，在世代传承过程中，其也不断发生着变化。

民间文学艺术作品除满足一般作品的构成要件之外，还具有如下特征：（1）民间文学艺术作品具有群体创作、作者难以确定等特点，为有效保护民间文学艺术作品，实践中通常由权利人所在地区的文化主管部门或者政府行使著作权人的权利；（2）民间文学艺术作品处于连续、缓慢的创作过程之中，具有一定的继承性；（3）民间文学艺术作品通常仅在本民族、族群或者社群所在地域范围内流传，具有较为严格的地域性。

12. 下列选项中，对著作权登记的效力描述正确的是（　　）。

A. 著作权许可的要件　　　　B. 著作权产生的要件

C. 著作权转让的生效要件　　D. 著作权纠纷的初步证据

【答案】D

【解析】本题考查著作权登记的效力。作品不论是否登记，作者或者其他著作权人依法取得的著作权均不受影响。但著作权登记有助于解决因著作权归属造成的著作权纠纷，并为解决著作权纠纷提供初步证据。这一初步证据可以因相反证据而

被推翻。

13. 下列有关著作权登记的表述，正确的是（　　）。

A. 著作权自作品创作完成之日起即自动产生，不以登记为条件，因此著作权登记制度不存在较大的实践意义

B. 著作权登记分为作品登记和权利流转登记，后者主要包括著作权合同备案和著作权质权登记，各类作品的著作权登记均由中国版权中心统一负责

C. 著作权登记有助于解决因著作权归属造成的著作权纠纷，并为解决著作权纠纷提供初步证据，该证据具有不能被推翻的证明力

D. 著作权登记是指著作权人及与著作权有关的权利人依照有关规定，向登记机关提交登记申请，将作品及其权利登载于登记簿的行为

【答案】D

【解析】本题考查著作权登记。著作权登记是指著作权人及与著作权有关的权利人依照有关规定，向登记机关提交登记申请，将作品及其权利登载于登记簿的行为。我国著作权法采取著作权自愿登记制度，著作权自作品创作完成之日起即自动产生，不以登记为条件。实践中，不少著作权人及与著作权有关的权利人为确权的便利，仍会进行著作权登记。

著作权登记分为作品登记和权利流转登记，后者主要包括著作权合同备案和著作权质权登记。中国版权保护中心为计算机软件著作权登记和其他作品著作权质权合同登记机构。其他类型的著作权登记，除涉及外国以及我国台湾、香港和澳门地区的作者和其他著作权人的，由县级以上地方主管著作权的部门负责本行政区域的著作权管理工作。

作品不论是否登记，作者或者其他著作权人依法取得的著作权均不受影响。但著作权登记有助于解决因著作权归属造成的著作权纠纷，并为解决著作权纠纷提供初步证据。这一初步证据可以因相反证据而被推翻。例如，若有证据证明与著作权登记证书上载明的著作权人无关的主体，在著作权登记证书显示的作品完成日期之前，已经完成了作品的创作，则可推翻著作权登记的证明力。

14. 根据我国《著作权法》的规定，下列不可以作为作者的是（　　）。

A. 机器人　　　　　　　　　　B. 外国人

C. 未成年人 D. 限制民事行为能力人

【答案】A

【解析】本题考查著作权的一般主体。作者是创作作品的自然人，如无相反规定，著作权属于作者。著作权法所称创作，是指直接产生文学、艺术和科学作品的智力活动。

15. 小明很喜爱油画，小明的母亲为小明支付培训费去画室学习创作，一段时间后在画家王老师的指导下小明完成了一幅画作《星空》，而另一名助教孙老师帮助王老师搜集了大量创作素材。因此，《星空》的著作权属于（　　）。

A. 小明的母亲 B. 小明
C. 王老师和小明 D. 王老师和孙老师

【答案】B

【解析】本题考查著作权的一般主体。作者是创作作品的自然人，如无相反规定，著作权属于作者。为他人创作进行组织工作，提供咨询意见、物质条件，或者进行其他辅助工作，均不视为创作。

16. A公司工程师甲某接受公司指派的工作，利用A公司的物质技术条件开发了一套计算机软件。该计算机软件由A公司承担责任。甲与A公司没有就计算机软件的著作权归属进行约定。按照《著作权法》的规定，下列说法表述正确的是（　　）。

A. 甲享有该软件的发表权、署名权、修改权和保护作品完整权，A公司享有该软件著作权的其他权利
B. 甲享有该软件的署名权，A公司享有该软件著作权的其他权利
C. 甲享有该软件的著作权，A公司可无偿使用
D. A公司享有该软件除发表权以外的所有著作权，同时应当给予甲相应的奖励

【答案】B

【解析】本题考查职务作品。职务作品是由自然人为完成法人或者非法人组织工作任务所创作的作品。职务作品的著作权一般由作者享有，法人或者非法人组织有权在其业务范围内优先使用。作品完成2年内，未经单位同意，作者不得许可第三人以与单位使用的相同方式使用该作品；经单位同意，作者许可第三人与以单位使用的相同方式使用作品所获报酬，由作者与单位按约定的比例分配。作品完成2

年的期限，自作者向单位交付作品之日起计算。

但下述职务作品的著作权由法人或者非法人组织享有，作者仅享有署名权及根据约定获得报酬的权利：（1）主要是利用法人或者非法人组织的物质技术条件创作，并由法人或者非法人组织承担责任的工程设计图、产品设计图、地图、计算机软件等职务作品；（2）报社、期刊社、通讯社、广播电台、电视台的工作人员创作的职务作品；（3）法律、行政法规规定或者合同约定著作权由法人或者非法人组织享有的职务作品。

17. 小王在公众号"税务说法"上署名"税法真知"发表题为"17种税收筹划案例解析"一文。某出版社的《税收筹划案例集》收录该文，某教材编写单位将该文反映的案例作为典型案例编入《税收筹划案例教程》，"税收新视野"公众号转载了该文。下列说法正确的是（　　）。

A. 小王署名方式不合法

B. "17种税收筹划案例解析"在某出版社的《税收筹划案例集》中被正式发表

C. 某教材编写单位可以使用该案例且无需支付费用

D. "税收新视野"公众号转载该文构成侵权，因为未经小王和"税务说法"同意

【答案】C

【解析】本题考查著作权。著作权人有署名权，其可以自由署名"17种税收筹划案例解析"著作权人通过网络发表之际已被正式发表。最高人民法院的判决不属于著作权法意义上的作品，某教材编写单位可以直接使用相应案例。"税收新视野"未经著作权人同意而转载，侵害了其信息网络传播权，构成侵权行为。但是，小王是著作权人，"税务说法"不享有相应权利，"税收新视野"转载并不需要"税务说法"的同意。

18. A集团公司委托雕塑家甲某创作了一座雕塑，寓意"财源广进"，放在办公楼一层中央。委托创作合同中未约定著作权归属。下列行为中，不属于侵犯著作权行为的是（　　）。

A. A集团公司许可其子公司B公司异地重建完全相同的雕塑

B. A 集团公司仿照雕塑制作小型纪念品向客户赠送

C. 客户拜访华信集团后觉得这个雕塑很有意思，遂仿照雕塑制作小型纪念品向让其在某风景区工作的哥哥出售

D. 客户拜访 A 集团公司总部时看到该雕塑，觉得非常有艺术价值，遂拍照留念

【答案】D

【解析】本题考查委托创作中著作权归属的问题。《著作权法》第19条规定，受委托创作的作品，著作权的归属由委托人和受托人通过合同约定。合同未作明确约定或者没有订立合同的，著作权属于受托人。据此可知，本题中雕塑的著作权属于受托人张某。另外，《著作权法》第10条规定，复制权，即以印刷、复印、拓印、录音、录像、翻录、翻拍、数字化等方式将作品制作一份或者多份的权利。选项 A、B、C 描述的行为，属于侵犯了甲某著作财产权中的复制权。而选项 D 中客户拍照纪念的行为则没有侵犯著作权人的人身、财产权利，不属于侵权行为。

19. 小王的下列行为中，不构成侵犯著作权的有（　　）。

A. 小王未经原著作权人同意，在某综合网站上转载了一则有关刚刚发生的交通事件新闻报道

B. 小王接受单位下达的任务，开发了一套软件系统，小王将该软件授权乙公司使用

C. 小王购买优酷会员，将电影用于其小型影院经营活动

D. 小王阅读报刊发现刊登小李的一篇散文，小王于是将该散文译成德文在国内出版，未经小李的同意，也未支付报酬

【答案】A

【解析】本题考查著作权合理使用制度。著作权合理使用制度的概念著作权合理合用制度，是指自然人、法人或者非法人组织根据法律规定，可以不经著作权人许可，使用他人已发表作品，且无须支付报酬的一项制度。根据《著作权法》及相关法规，以下情形构成合理使用：（1）为个人学习、研究或者欣赏，使用他人已经发表的作品；（2）为介绍、评论某一作品或者说明某一问题，在作品中适当引用他人已经发表的作品；（3）为报道新闻，在报纸、期刊、广播电台、电视台等媒体中不可避免地再现或者引用已经发表的作品；（4）报纸、期刊、广播电台、电视台等媒体刊登或者播放其他报纸、期刊、广播电台、电视台等媒体已经发表的关于政治、

经济、宗教问题的时事性文章,但作者声明不许刊登、播放的除外;(5) 报纸、期刊、广播电台、电视台等媒体刊登或者播放在公众集体上发表的讲话,但作者声明不许刊登、播放的除外;(6) 为学校课堂教学或者科学研究,翻译、改编、汇编、播放或者少量复制已经发表的作品,供教学或者科研人员使用,但不得出版发行;(7) 国家机关为执行公务在合理范围内使用已经发表的作品;(8) 图书馆、档案馆、纪念馆、博物馆、美术馆、文化馆等为陈列或者保存版本的需要,复制本馆收藏的作品,以及通过信息网络向本馆馆舍内服务对象提供本馆收藏的合法出版的数字作品和依法为陈列或者保存版本的需要以数字化形式复制的作品;(9) 免费表演已经发表的作品,该表演未向公众收取费用,也未向表演者支付报酬,且不以营利为目的;(10) 对设置或者陈列在公共场所的艺术作品进行临摹、绘画、摄影、录像;(11) 将中国公民、法人或者非法人组织已经发表的以国家通用语言文字创作的作品翻译成少数民族语言文字作品在国内出版发行或者通过信息网络提供;(12) 以阅读障碍者能够感知的无障碍方式向其提供已经发表的作品;(13) 法律、行政法规规定的其他情形。上述规定适用于对出版者、表演者、录音录像制作、广播电台、电视台的权利的限制。

20. 下列有关法定许可使用的选项中,说法正确的是( )。

A. 某出版社为编写出版学前教育读物,汇编他人已发表的作品片段,属于法定许可使用

B. 洛阳日报转载已经刊登在河南晚报上的关于经济问题的时事性文章,不属于法定许可使用

C. 某电视台播放他人已经发表的作品,属于法定许可使用

D. 某唱片公司使用已经录制为录音制品的周杰伦音乐作品制作黑胶唱片,不属于法定许可使用

【答案】C

【解析】本题考查法定许可使用问题。为实施九年制义务教育和国家教育规划而汇编出版教科书,才构成法定许可,学前教育读物并不属于教科书。作品在报刊上刊登后,其他报刊转载或者作为文摘、资料刊登,属于法定许可使用,但著作权人声明不得转载、摘编的除外。报纸、期刊、广播电台、电视台等媒体刊登或者播放其他报纸、期刊、广播电台、电视台等媒体已经发表的关于政治、经济、宗教问

题的时事性文章,属于合理使用。《著作权法》第 46 条第 2 款规定,广播电台、电视台播放他人已发表的作品,可以不经著作权人许可,但应当按照规定支付报酬。录音制作者使用他人已经合法录制为录音制品的音乐作品制作录音制品,可以不经著作权人许可,但应当按照规定支付报酬,故属于法定许可使用。

21. 下列关于著作权归属的说法正确的是( )。

    A. 老艺术家老李口述自己的人生经历,由老张记录,形成回忆录《我的回忆录》,该自传体作品的著作权归老张

    B. 某领导要求小王为其拟写年会报告,该领导进行审阅定稿,并在年会上以本人名义进行讲话发表,该作品的著作权归小王

    C. 小刘利用其单位的物质技术条件,并由其单位承担责任,创作出一份工程设计图,该作品的著作权归其单位,但小刘享有署名权

    D. 小赵大学毕业时聘请某摄影师为其拍摄校园系列照片,该摄影作品的著作权归小赵

【答案】C

【解析】本题考查著作权的归属问题。自传体作品,有约定的从约定,没有约定的,著作权归该特定人物享有。由他人执笔,本人审阅定稿并以本人名义发表的报告、讲话等作品,著作权归报告人或讲话人享有。主要是利用法人或者非法人组织的物质技术条件创作,并由法人或者非法人组织承担责任的工程设计图、产品设计图、地图、计算机软件等作品,作者享有署名权,著作权的其他权利由法人或者非法人组织享有。摄影作品的著作权归摄影师。

22. A 公司因新产品推出市场,向社会征集广告宣传用语,承诺如被采用将给应征者奖金奖励。小王投稿的广告用语入选后获得了奖金,但双方之间并未明确约定著作权的归属。A 公司使用该广告用语 1 年后,小王对该广告用语的著作权提出了主张,并要求 A 公司停止使用。根据著作权法及相关规定,下列说法正确的是( )。

    A. A 公司享有该广告用语的著作权

    B. A 公司和小王共同享有该广告用语的著作权

    C. 小王享有该广告用语的著作权,但 A 公司可以在其广告宣传活动中使用

    D. 小王享有该广告用语的著作权,A 公司应当根据小王的要求停止使用

【答案】C

【解析】本题考查委托作品。受委托创作的作品，著作权的归属由委托人和受托人通过合同约定。合同未作明确约定或者没有订立合同的，著作权属于受托人。委托作品著作权属于受托人的情形下，委托人在约定的使用范围内享有使用作品的权利；双方没有约定使用作品范围的，委托人可以在委托创作的特定目的范围内免费使用该作品。

23. 高中英语老师甲教学经验丰富，总结出一套提高英语水平的学习方法。学校指派青年教师乙将甲的学习方法总结成书面材料以便推广，乙在跟班听课和向甲请教的基础上，根据自己的构思编写了介绍甲的学习方法的材料。之后，乙应出版社的要求，对该材料作进一步加工，写成《英语学习心得》一书，署自己一人的名。该书出版后，甲提出异议，认为该书的作者应是自己而不是乙。学校也提出异议，认为乙的出书行为侵犯了学校对总结材料的著作权。下列关于该书的著作权，说法正确的是（　　）。

A. 应归甲享有
B. 应归乙享有
C. 应归甲、乙共同享有
D. 应归学校享有

【答案】B

【解析】本题考查著作权的归属问题。对于改编、翻译、注释、整理已有产品而产生的演绎作品，其著作权由改编、翻译、注释、整理人享有，但行使著作权时不得侵犯原作品的著作权。职务作品是由自然人为完成法人或者非法人组织工作所创作的作品。职务作品的著作权一般由作者享有，但法人或者非法人组织有权在其业务范围内优先使用。作品完成2年内，未经单位同意，作者不得许可第三人以与单位使用的相同方式使用该作品；经单位同意，作者许可第三人以与单位使用的相同方式使用作品所获报酬，由作者与单位按约定的比例分析。作品完成2年的期限，自作者向单位交付作品之日起计算。

但下述职务作品的著作权由法人或者非法人组织享有，作者仅享有署名权及根据约定获得报酬的权利：(1) 主要是利用法人或者非法人组织的物质技术条件创作，并由法人或者非法人组织承担责任的工程设计图、产品设计图、地图、计算机软件等职务作品；(2) 报社、期刊社、通讯社、广播电台、电视台的工作人员创作的职务作品；(3) 法律、行政法规规定或者合同约定著作权由法人或者非法人组织享有的职务作品。本题中,乙根据听课材料自己进行构思,对甲的教学方法进行整理,形成对整理作品的著作权。该著作权不侵害甲的利益。当然,甲与乙事先有约定的除外。同时,乙虽然是根据学校的要求整理书面材料,而且是在该材料的基础上整理成书,但该作品虽属职务作品的范畴,其著作权应由作者乙享有。

24. 下列对著作权许可使用的表述正确的是( )。

    A. 作品被许可后,著作权人不得使用该作品

    B. 许可使用不改变著作权的权利归属

    C. 被许可人有分许可的权利

    D. 许可使用方式只能是排他许可

【答案】B

【解析】根据著作权许可使用的权利性质,可将著作权许可分为独占许可、排他许可与普通许可。许可使用不改变著作权的归属。

25. 合法改编已有作品而产生的改编作品,其著作权应由( )享有。

    A. 原作者   B. 原作品的首次出版者

    C. 原作者和改编者共同   D. 改编者

【答案】D

【解析】本题考查演绎作品。与汇编作品的保护类似,对于改编、翻译、注释、整理已有作品而产生的演绎作品,其著作权由改编、翻译、注释、整理人享有,但行使著作权时不得侵犯原作品的著作权。

26. 作家李某在发表了校园小说《风》后去世,另有一部已经完成但尚未发表的长篇历史小说《归来》,下列说法正确的是( )。

    A. 李某的继承人或受遗赠人可以继承《风》及《归来》的著作权

    B. 若李某无继承人又无受遗赠人,则著作权行政管理部门有权发表

    C. 因著作权人李某去世,甲网站可以任意转载《风》而不构成侵权

    D. 李某的继承人或受遗赠人有权发表《归来》

【答案】D

【解析】本题考查著作人身权。著作人身权又被称为著作权精神权利,是作者

对其创作的作品所享有的与其人身不可分割的非财产权。著作人身权具有无期限性、不可分离性、不具有直接的财产内容等特点。作者死亡后，其著作权中的署名权、修改权和保护作品完整权由作者的继承人或者受遗赠人保护。著作权无人继承又无人受遗赠的，其署名权、修改权和保护作品完整权由国家著作权主管部门保护。发表权即决定作品是否公之于众的权利。发表权与著作财产联系紧密，作者发表作品的行为，通常也是行使某种著作财产权的行为。发表权只能行使一次，作品一旦发表，作者就不能再行使发表权，他人也不可能侵犯发表权。

27. 甲和乙合作完成了歌曲《一点点》，乙在甲无正当理由不同意的情况下允许A公司录制并拍摄该歌曲的MV，某舞厅未经权利人的许可，播放了该歌曲光盘。下列说法正确的是（   ）。

   A. 乙在甲不同意的情况下不能允许A公司录制并拍摄该歌曲的MV

   B. 乙所得的收益归自身所有

   C. 乙未经甲的同意，不得将该歌曲的著作权进行转让

   D. 某舞厅可以不经授权在公共场合播放该歌曲

【答案】C

【解析】本题考查合作作品的著作权以及著作权的合理使用制度。《著作权法实施条例》第9条规定，合作作品不可以分割使用的，其著作权由各合作作者共同享有，通过协商一致行使；不能协商一致，又无正当理由的，任何一方不得阻止他方行使除转让以外的其他权利，但是所得收益应当合理分配给所有合作作者。依照该规定，乙在甲无正当理由不同意的情况下不能将该歌曲的著作权进行转让，但可以允许A公司录制并拍摄该歌曲的MV，只不过此时的收益要合理分配给甲。某舞厅的行为属于侵犯了作者的表演权，应当取得著作权人的同意，并向其支付报酬。

28. 甲收藏了一部名人传记，该作品的作者不详。A出版社与甲协商出版该名人传记。下列关于该传记作品的著作权行使权利正确的是（   ）。

   A. 甲可以行使署名权等一切权利

   B. 由甲行使除署名权以外的著作权

   C. 该传记属无主物，任何人可以随意使用

   D. A出版社可代为行使发表权

【答案】B

【解析】 本题考查作品的著作权归属。作者身份不明的作品，由作品原件的所有人行使除署名权以外的著作权。作者身份确定后，由作者或者其继承人行使著作权。

29. 下列关于著作权集体管理组织建立的表述正确的是（   ）。

A. 应当依据公司法进行登记注册

B. 应当由国家知识产权局授权成立

C. 按照著作权人共同签订的协议结盟成立

D. 依据《著作权集体管理条例》通过有关社会团体管理部门登记建立

【答案】D

【解析】 本题考查著作权集体管理组织。国务院著作权管理部门应当对设立著作权集体管理组织的申请作出批准或者不予批准的决定。申请人应当自国务院著作权管理部门发给著作权集体管理许可证之日起30日内，依照有关社会团体登记管理的行政法规到国务院民政部门办理登记手续。

30. 下列关于中国电影著作权协会的性质描述正确的是（   ）。

A. 营利性机构　　　　　　　B. 官方机构

C. 著作权集体管理组织　　　D. 业务活动不具有独占性

【答案】C

【解析】 本题考查著作权集体管理组织的性质。我国著作权集体管理组织是非官方的非营利性社会团体，依照有关社会团体登记管理的行政法规和《著作权集体管理条例》的规定进行登记并开展活动。我国著作权集体管理组织的业务活动具有独占性。

31. 下列关于著作权集体管理组织与著作权人的关系描述正确的是（   ）。

A. 著作权集体管理组织与著作权人是合同关系

B. 著作权集体管理组织应当以著作权人的名义对外活动

C. 即便著作权人符合加入条件，著作权集体管理组织可以拒绝其加入

D. 可以拒绝会员退出著作权集体管理组织

【答案】A

【解析】本题考查著作权集体管理组织的运行和法律责任。著作权集体管理组织依据其与权利人签订的合同开展著作权集体管理活动。权利人符合章程规定加入条件的，著作权集体管理组织应当与其订立著作权集体管理合同，不得拒绝。著作权集体管理组织以自己的名义对外活动。权利人可以依照章程退出著作权集体管理组织，对履行章程规定程序的会员，著作权集体管理组织拒绝其退出该组织的要求，由国务院著作权管理部门责令限期整改。

32. 下列选项中，符合我国《著作法权》规定的作品发表的是（　　）。

A. 在具有书刊号的出版物上公开发表　　B. 采取任何方式将作品公之于众

C. 向版权登记机关登记使用 C 符号　　D. 通过具有专业资质的印刷机构印刷

【答案】B

【解析】本题考查著作人身权中的发表权。发表权，即决定作品是否公之于众的权利。对于公之于众的方式没有限制。

33. 甲、乙、丙、丁相约勤工俭学。下列未经著作权人同意使用他人受保护作品的行为中，没有侵犯著作权的是（　　）。

A. 乙收购一批旧书后廉价出租给同学

B. 甲临摹知名绘画作品后廉价出售给路人

C. 丙购买一批正版录像制品后廉价出租给同学

D. 丁购买正版音乐 CD 后在自己开设的咖啡店播放

【答案】A

【解析】本题考查著作财产权中的出租权。出租权，即有偿许可他人临时使用视听作品、计算机软件的原件或者复制权的权利，计算机软件不是出租的主要标的的除外。出租权构成发行权用尽原则的例外。图书的著作权人并不享有出租权。此外，录音录像制作者对其录音录像制品也享有出租权。

34. 甲公司拍摄制作了电视连续剧《一江春水》，乙电视台未经甲公司的许可每天晚上 8 点至 10 点播出该电视剧。乙电视台侵犯了甲公司著作权中的（　　）。

A. 出租权　　B. 放映权　　C. 广播权　　D. 表演权

【答案】C

【解析】本题考查著作财产权的广播权。广播权，即以有线或者无线方式公开传播或者转播作品，以及通过扩音器或者其他传送符号、声音、图像的类似工具向公众传播广播的作品的权利。放映权，即通过放映机、幻灯机等技术设备公开再现美术、摄影、电影和视听作品等的权利。放映权需要借助一定的技术设备来实现，著作权人享有的放映权仅限于特定作品类型。

35. 我国《著作权法》中，表演者享有的权利中不包括（　　）。

A. 表明表演者身份的权利

B. 许可他人通过信息网络向公众传播其表演，并获得报酬的权利

C. 出租权

D. 许可他人录音录像，并获得报酬的权利

【答案】C

【解析】本题考查表演者享有的权利。《著作权法》第39条规定，表演者对其表演享有下列权利：(1) 表明表演者身份；(2) 保护表演形象不受歪曲；(3) 许可他人从现场直播和公开传送其现场表演，并获得报酬；(4) 许可他人录音录像，并获得报酬；(5) 许可他人复制、发行、出租录有其表演的录音录像制品，并获得报酬；(6) 许可他人通过信息网络向公众传播其表演，并获得报酬。注意区分不同的邻接权的权利内容的差异。

36. 下列选项中不属于《世界知识产权组织表演和录音制品条约》规定的经济权利的是（　　）。

A. 复制权　　　　　　　　B. 提供已录制表演的权利

C. 发行权　　　　　　　　D. 广播权

【答案】D

【解析】本题考查表演者享有的权利。表演者享有如下4项经济权利：(1) 复制权，即授权以任何方式或形式对录音制品直接或间接地进行复制的权利；(2) 发行权，即授权通过销售或其他所有权转让形式向公众提供录音制品的原件或复制品的权利；(3) 出租权，即授权将录音制品的原件或复制品向公众进行商业性出租的权利，但自1994年4月15日以后已对此种出租实行公平报酬制度的国家除外；(4) 提

供已录制表演的权利,即授权通过有线或无线方式向公众提供任何以录音制品录制的表演,使该录制的表演可为公众中的成员在其个人选定的地点和时间获得的权利。

37. 赵某创作了一首英文歌曲《Feel So Good》,张某将该歌词翻译为中文《感觉很好》,李某在某晚会中演唱该中文歌曲时应当(   )。

  A. 取得赵某的许可并支付报酬

  B. 取得张某的许可并支付报酬

  C. 取得赵某和张某的许可并支付报酬

  D. 无须取得赵某和张某的许可,但要支付报酬

【答案】C

【解析】本题考查著作财产权。《著作权法》第13条规定,改编、翻译、注释、整理已有作品而产生的作品进行出版、演出和制作录音录像制品,应当取得改编、翻译、注释、整理作品的著作权人和原作品的著作权人许可,并支付报酬。

38. 某教授完成一篇论文,投稿给某杂志社,下列说法正确的是(   )。

  A. 杂志社有权对该论文进行修改

  B. 杂志社可以在署名的情况下自行转投给其他杂志社

  C. 杂志社可以对作品进行文字性修改、删节

  D. 杂志社对作品的任何修改,应当经作者许可

【答案】C

【解析】本题考查著作人身权中的修改权。修改权,即修改或者授权他人修改作品的权利。修改权的行使方式包括自己修改、授权他人修改、禁止他人修改作品等。报社、期刊社可以对作品作文字性修改、删节,只要不涉及对内容的修改,则无须经过作者许可。

39. 甲撰写了《2021年经济师考试练习册》,并与某出版社签订了专有出版合同,下列描述正确的是(   )。

  A. 出版社对该书的装帧设计享有邻接权

  B. 出版社对该书的版式设计享有邻接权

  C. 出版社的邻接权保护期截止于该书出版后第50年的12月31日

D. 出版社依法享有 10 年的专有出版权

【答案】B

【解析】本题考查邻接权。出版者所享有的邻接权，主要指的是版式设计权。出版者有权许可或者禁止他人使用其出版的图书、期刊的版式设计。前款规定的权利的保护期为 10 年，截止于使用该版式设计的图书、期刊首次出版后第 10 年的 12 月 31 日。

40. 下列选项中可以不经著作权人许可，并且不向其支付报酬的是（　　）。

A. 张某为介绍某一作品，在其作品中大量引用他人未发表的作品

B. 某纪念馆为保存版本的需要，复制其收藏的艺术家的画作

C. 某出版社为编写出版大学教科书，汇编赵某已经发表的单幅摄影作品

D. 甲刊物转载李某在乙刊物上发表的一篇论文

【答案】B

【解析】本题考查著作权合理使用。《著作权法》第 24 条规定，构成合理使用的情形包括为介绍、评论某一作品或者说明某一问题，在作品中适当引用他人已经发表的作品；报纸、期刊、广播电台、电视台等媒体刊登或者播放其他报纸、期刊、广播电台、电视台等媒体已经发表的关于政治、经济、宗教问题的时事性文章，但著作权人声明不许刊登、播放的除外；图书馆、档案馆、纪念馆、博物馆、美术馆、文化馆等为陈列或者保存版本的需要，复制本馆收藏的作品。选项 A 和 D 不符合合理使用的要求。选项 C 中的教科书限于九年义务教育，但也属于法定许可，而非合理使用。

41. 下列关于著作权转让和许可的说法正确的是（　　）。

A. 著作权转让是著作权利用、实现作品社会价值的一种重要方式，其不改变著作权的权利归属，受让人获得的是著作财产权中一项或者多项的有期限的使用权，而不是著作权本身

B. 著作权许可是著作权人在著作权有效期内将著作财产权中的全部或者部分出让给他人，被许可的权利在著作权保护期内由受让人单独享有，转让人不得行使

C. 著作权被许可人可将其被合法许可的权利再次转让或者许可给第三方使用，

无需经过著作权人的同意，著作权权利的受让人则不享有这一权利

D. 从受让人、被许可人获得权利的期限来看，著作权转让一般不受期限限制，受让人享有的权利截至该权利保护期截止之日。著作权许可则通常有时间限制

【答案】D

【解析】本题考查著作权许可和转让。著作权转让，是指著作权人在著作权有效期内将著作财产权中的全部或者部分出让给他人。著作权转让是著作权利用、实现作品社会价值的一种重要方式。根据我国《著作权法》的规定，著作财产权均可依合同约定而转让，被转让的权利在著作权保护期内由受让人单独享有，转让人不得行使。

著作权许可，是指著作权人在著作权保护期内将其著作财产权的一项或者多项在一定期限、地域范围内授予他人使用的行为。著作权许可不改变著作权的权利归属，被许可人获得的是著作财产权中一项或者多项的有期限的使用权，而不是著作权本身。

著作权许可和著作权转让都是著作财产权经济价值实现的重要路径，在实施中，两者均受到不可损害著作人身权的限制。两者存在一定的相似之处，但也存在一些重要的区别，这主要表现在：（1）从权利主体的变更来看，著作财产权的全部转让将导致著作权主体变更，受让人成为作品新的著作权人。著作权的许可使用则不改变著作权权利归属，被许可人获得的是著作财产权中一项或者多项权利的有期限的使用权。（2）从受让人、被许可人获得权利的期限来看，著作权转让一般不受期限限制，受让人享有的权利截至该权利保护期截止之日。著作权许可则通常有时间限制。（3）从受让人、被许可人对权利自行处分的自由来看，著作权受让人可将其合法受让的权利再次转让或者许可给第三方使用，无需经过转让人的同意。著作权权利的被许可人则不享有这一权利；除合同另有约定外，被许可人许可第三人行使同一权利，也须取得著作权人的许可。（4）从给付的对价来看，在著作权转让中，受让人支付的对价是购买著作财产权的价金。在著作权许可中，被许可人支付的对价是著作权许可使用费。

42. 下列属于著作权法规定的"法定许可"范畴的是（　　）。

A. 将我国少数民族语言文字作品翻译成汉语言文字作品在国内出版发行

B. 为学校课堂教学而少量复制他人已经发表的作品

C. 为实施九年制义务教育而编写出版的教科书中汇编已发表作品

D. 国家机关使用已经发表的作品

【答案】C

【解析】本题考查法定许可。根据我国《著作权法》及相关法律，以下情形适用法定许可：（1）为实施九年制义务教育和国家教育规划而编写出版教科书，在教科书中汇编已经发表的作品片段或者短小的文字作品、音乐作品或者单幅的美术作品、摄影作品，但作者事先声明不许使用的除外；（2）为通过信息网络实施九年制义务教育或者国家教育规划，使用著作权人已经发表作品的片段或者短小的文字作品、音乐作品或者单幅的美术作品、摄影作品制作课件，由制作课件或者依法取得课件的远程教育机构通过信息网络向注册学生提供。

43. 下列对著作权质押合同的描述错误的是（   ）。

A. 出质人和质权人应当订立书面质权合同

B. 质押合同应向国家版权局指定的登记机关办理出质登记，质押合同自登记之日起生效

C. 著作权质押合同自登记之日生效

D. 以著作权中的财产权利出质，将该财产权利作为债权担保的，债务人不履行债务时，债权人有权以该财产权利折价或者以拍卖、变卖该财产的价款优先受偿

【答案】C

【解析】本题考查著作权质押。著作权质押合同除双方另有约定外自成立时生效，与是否进行登记无关。著作权质权的设立以登记作为生效要件。

44. 下列关于著作权质押的说法错误的是（   ）。

A. 著作权质权是主合同债权的从权利，债权人为质权人，债务人或者第三人为出质人。著作权出质期间，未经质权人同意，出质人不得转让或者许可他人使用已经出质的权利

B. 以著作权出质的，出质人和质权人应当订立书面质权合同，合同应包括出质人和质权人的基本信息、被担保债权的种类和数额、债务人履行债务的期

限、出质著作权的内容和保护期、质权担保的范围和期限等内容

C. 著作权质权登记，即将著作权质权的设立、变更、转让和消灭均记载于《著作权质权登记簿》，著作权质权的设立自著作权质权合同生效时发生效力

D. 在著作权所担保的债权到期仍未得到清偿时，质权人可以与出质人协议以质押财产折价，也可以就拍卖、变卖质押财产所得的价款优先受偿，以实现质权

【答案】C

【解析】本题考查著作权质权。著作权质权是主合同债权的从权利，债权人为质权人、债务人或者第三人为出质人。

《著作权质权登记办法》第3条规定，以共有的著作权出质的，除另有约定外，应当取得全体共有人的同意。第4条规定，以著作权出质的，出质人和质权人应当订立书面质权合同。出质人和质权人可以自行办理，也可以委托代理人办理。第5条规定，著作权质权的设立、变更、转让和消灭，自记载于《著作权质权登记簿》时发生效力。第7条规定，著作权质权合同一般包括以下内容：(1) 出质人和质权人的基本信息；(2) 被担保债权的种类和数额；(3) 债务人履行债务的期限；(4) 出质著作权的内容和保护期；(5) 质权担保的范围和期限；(6) 当事人约定的其他事项。第14条规定，著作权出质期间，未经质权人同意，出质人不得转让或者许可他人使用已经出质的权利。出质人转让或者许可他人使用出质的权利所得的价款，应当向质权人提前清偿债务或者提存。第23条规定，登记机构应当通过国家版权局官方网站公布著作权质权登记的基本信息。

著作权质权实现，是著作权质权消灭的一种常见方式。在著作权所担保的债权到期仍未得到清偿时，质权人可以与出质人协议以质押财产折价，也可以就拍卖、变卖质押财产所得的价款优先受偿，以实现质权。质押财产折价或者变卖的，应当参照市场价格。出质人请求质权人及时行使质权，因质权人怠于行使权利造成损害的，由质权人承担赔偿责任。质押财产折价或者拍卖、变卖后，其价款超过债权数额的部分归出质人所有，不足部分由债务人清偿。

45. 下列属于刑事违法行为的是（　　）。

A. 出版他人享有专有出版权的录像作品

B. 故意制造主要用于避开、破坏技术措施的装置或者部件

C. 未经表演者许可，从现场直播现场表演

D. 歪曲、篡改他人作品的

【答案】A

【解析】本题考查侵犯著作权的行为。《刑法》第217条规定，以营利为目的，有下列侵犯著作权情形之一，违法所得数额较大或者有其他严重情节的，处3年以下有期徒刑或者拘役，并处或者单处罚金；违法所得数额巨大或者有其他特别严重情节的，处3年以上7年以下有期徒刑，并处罚金：(1) 未经著作权人许可，复制发行其文字作品、音乐、电影、电视、录像作品、计算机软件及其他作品的；(2) 出版他人享有专有出版权的图书的；(3) 未经录音录像制作者许可，复制发行其制作的录音录像的；(4) 制作、出售假冒他人署名的美术作品的。以刊登收费广告等方式直接或者间接收取费用的情形，属于"以营利为目的"。

46. 下列关于网络服务提供者的行为可以免责的是（　　）。

A. 为侵权作品提供存储空间

B. 在接到权利人的通知书后，按照规定断开与侵权的表演的链接

C. 多次删除某一侵权作品，但该侵权产品仍不断出现在该网络平台上

D. 有理由知道网站上的某作品侵权，但无人提出侵权主张，便让该作品一直出现在网络平台上

【答案】B

【解析】本题考查网络服务提供者的法律责任。网络搜索链接服务提供者在接到权利人的通知书后，按照规定断开与侵权的作品、表演、录音录像制品的链接，且不存在明知或者应知所链接的作品、表演、录音录像制品侵权的情形的。选项C属于避风港规则的例外，网络服务提供者需要承担侵权责任。

47. 下列关于网络服务提供者所承担的法律责任的说法错误的是（　　）。

A. 网络内容提供者，是信息网络传播行为的直接实施者，其从事的是"信息网络传播权"定义中的"提供"行为。与网络内容提供者相对应的是网络服务提供者，网络服务提供者不是作品的提供者，因此不是直接侵权人

B. 只要存在未经授权通过信息网络提供作品、表演、录音录像制品的直接侵权行为，网络服务提供者就应当承担著作权侵权责任

C. 网络服务提供者接到权利人以书信、传真、电子邮件等方式提交的通知，未及时采取删除、屏蔽、断开链接等必要措施的，人民法院则应当认定其明知存在直接侵权行为

D. 人民法院认定网络服务提供者采取的删除、屏蔽、断开链接等必要措施是否及时，应当根据权利人提交通知的形式，通知的准确程度，采取措施的难易程度，网络服务的性质，所涉作品、表演、录音录像制品的类型、知名度、数量等因素综合判断

【答案】B

【解析】本题考查网络内容提供者的法律责任。网络内容提供者，是信息网络传播行为的直接实施者，其从事的是"信息网络传播权"定义中的"提供"行为。《最高人民法院关于审理侵害信息网络传播权民事纠纷案件适用法律若干问题的规定》第3条规定，"提供"行为指的是通过上传到网络服务器、设置共享文件或者利用文件分享软件等方式，将作品、表演、录音录像制品置于信息网络中，使公众能够在个人选定的时间和地点以下载、浏览或者其他方式获得的行为。未经授权实施上述提供行为者，为直接侵权人，其侵权成立不以存在过错为前提。

与网络内容提供者相对应的是网络服务提供者，网络服务提供者不是作品的提供者，因此不是直接侵权人。根据提供服务的类型，网络服务提供者可分为网络接入服务提供者、系统缓存服务提供者、信息存储空间服务提供者、网络搜索链接服务提供者。

《民法典》第1195条规定，网络用户利用网络服务实施侵权行为的，权利人有权通知网络服务提供者采取删除、屏蔽、断开链接等必要措施。通知应当包括构成侵权的初步证据及权利人的真实身份信息。网络服务提供者接到通知后，应当及时将该通知转送相关网络用户，并根据构成侵权的初步证据和服务类型采取必要措施；未及时采取必要措施的，对损害的扩大部分与该网络用户承担连带责任。第1197条规定，网络服务提供者知道或者应当知道网络用户利用其网络服务侵害他人民事权益，未采取必要措施的，与该网络用户承担连带责任。可见，网络服务提供者著作权侵权责任的成立需满足两项条件：一是存在未经授权通过信息网络提供作品、表演、录音录像制品的直接侵权行为；二是网络服务提供者知道直接侵权行为的存在，即存在过错。网络服务提供者的侵权责任是一种以过错责任为归责原则的间接侵权责任。

网络服务提供者接到权利人以书信、传真、电子邮件等方式提交的通知，未及

时采取删除、屏蔽、断开链接等必要措施的，人民法院应当认定其明知存在直接侵权行为。权利人发出的通知应当包括下列内容：（1）权利人的姓名（名称）、联系方式和地址；（2）要求删除或者断开链接的侵权作品、表演、录音录像制品的名称和网络地址；（3）构成侵权的初步证明材料。权利人应当对通知书的真实性负责。

网络服务提供者接到权利人的通知书后，应当立即删除涉嫌侵权的作品、表演、录音录像制品，或者断开与涉嫌侵权的作品、表演、录音录像制品的链接，并同时将通知书转送提供作品、表演、录音录像制品的服务对象；服务对象网络地址不明、无法转送的，应当将通知书的内容同时在信息网络上公告。人民法院认定网络服务提供者采取的删除、屏蔽、断开链接等必要措施是否及时，应当根据权利人提交通知的形式，通知的准确程度，采取措施的难易程度，网络服务的性质，所涉作品、表演、录音录像制品的类型、知名度、数量等因素综合判断。

48. 下列选项中不属于规避与破坏技术措施的行为是（   ）。

   A. 通过合法途径下载受技术措施保护的作品后，对附加在作品之上的技术措施进行去除，并向公众提供该不受技术措施保护的作品

   B. 故意进口主要用于规避技术措施的装置或者部件

   C. 购买制造规避技术措施的设备

   D. 破解软件的密码

【答案】C

【解析】本题考查规避与破坏技术措施的行为。一种典型的直接规避行为是在通过合法途径下载受技术措施保护的作品后，对附加在作品之上的技术措施进行去除，并向公众提供该不受技术措施保护的作品。构成间接规避行为的情形主要有两种：一是故意制造、进口或者向公众提供主要用于规避技术措施的装置或者部件，二是故意为他人规避技术措施提供技术服务。

49. 依《伯尔尼公约》的规定，非该公约成员国的国民，其作品首次在公约某一成员国出版，或同时在某一成员国及其他非成员国首次出版，则应在一切成员国中享有（   ）。

   A. 最惠国待遇　　　B. 优惠待遇　　　C. 差别待遇　　　D. 国民待遇

【答案】D

【解析】本题考查《伯尔尼公约》内容。《伯尔尼公约》是世界上第一个保护版权的公约，有3项主要原则，即国民待遇原则、自动保护原则、独立保护原则。公约规定了"双国籍国民待遇"，双国籍指作者国籍与作品国籍，即题目中的两种情形。

50. 下列选项中不属于著作权国际保护的基本原则的是（　　）。

A. 独立保护原则　　　　　　B. 自动保护原则

C. 国民待遇原则　　　　　　D. 最惠国原则

【答案】D

【解析】本题考查著作权国际保护的基本原则。著作权国际保护的基本原则包括独立保护原则、自动保护原则、国民待遇原则、最低保护标准原则。

51. 下列选项中没有规定著作权保护内容的国际公约或条约是（　　）。

A.《巴黎公约》　　　　　　B.《伯尔尼公约》

C.《世界版权公约》　　　　D.《与贸易有关的知识产权协定》

【答案】A

【解析】本题考查著作权保护内容的国际公约或条约。规定了著作权保护内容的国际公约或条约主要包括1886年缔结的《伯尔尼公约》、1952年缔结的《世界版权公约》、1994年签署的《与贸易有关的知识产权协定》以及《美国－墨西哥－加拿大贸易协定》（USMCA）《跨太平洋伙伴关系协定》和日欧经济伙伴关系协定等。

52. 2020年1月3日，国家知识产权局印发《关于深化知识产权领域"放管服"改革　营造良好营商环境的实施意见》的通知，通知提倡知识产权管理部门扩大知识产权金融服务范围，联合相关部门建立合作机制，引导银行业提供信贷支持，推动多类型知识产权混合质押，鼓励开发知识产权综合险种，加快推进知识产权证券化试点。该通知反映出知识产权资本市场的发展日益受到重视的趋势。下列关于著作权资本市场与证券化的说法错误的是（　　）。

A. 著作权证券化与股票、债券等融资方式存在信用基础上的一致性，即不论是股票、债券，还是著作权证券化，其均是以资产所有者的整体信用为支撑

B. 著作权资本市场是以能产生可预期现金流收入的著作权未来收益权为依托，

为企业提供资金融通的渠道。通过支持企业以股权交易、依法发行股票和债券等直接融资方式为著作权作品的生产过程进行融资，有助于缓解企业的资金压力，加快产业链资金流速，并加快作品的生产进程

C. 著作权证券化指的是作为发起人的著作权人将符合证券化要求的著作财产权转移给特殊目的机构，并由特殊目的机构面向市场发行可流通的证券。著作权证券化是以著作权未来将产生的稳定的、可预期的现金流为基础，实现资金融通的一种高效率、低成本的方式

D. 由于著作权资产价值的不确定性、易变性、难以预测性，我国尚不存在著作权大规模证券化的实践

【答案】A

【解析】本题考查著作权资本市场与证券化。资本市场是企业资金融通的重要渠道，资本市场包括中长期信贷市场、证券市场、外汇市场、黄金市场、期权市场等。著作权资本市场是以能产生可预期现金流收入的著作权未来收益权为依托，为企业提供资金融通的渠道。从创意的产生到受著作权法保护的作品的最终生成，有时需要巨大的资金投入，在拍摄电影等作品的情形下尤其如此。通过支持企业以股权交易、依法发行股票和债券等直接融资方式为著作权作品的生产过程进行融资，有助于缓解企业的资金压力，加快产业链资金流速，并加快作品的生产进程。

著作权证券市场，是著作权资本市场的一种。著作权证券市场以著作权证券化为前提。著作权证券化指的是作为发起人的著作权人将符合证券化要求的著作财产权转移给特殊目的机构，并由特殊目的机构面向市场发行可流通的证券。著作权证券化是以著作权未来将产生的稳定的、可预期的现金流为基础，实现资金融通的一种高效率、低成本的方式。

自中共中央、国务院发布的《关于深化体制机制改革加快实施创新驱动发展战略的若干意见》中明确提出"探索开展知识产权证券化业务"以来，我国各地相继展开了知识产权证券化的尝试，但由于著作权资产价值的不确定性、易变性、难以预测性，我国尚不存在著作权大规模证券化的实践。著作权证券化的进一步发展，仰赖于国内文化市场的进一步繁荣、资产证券化交易方案和法规体系的完善、著作权评估体系的发展以及著作权交易信息公示平台的建立。

著作权证券化与股票、债券等融资方式存在信用基础的差异，具体表现在股票、债券是以资产所有者的整体信用为支撑，而著作权证券化则是以支撑该证券发行的

著作权本身的信用为支撑。由于存在上述差异,著作权证券化的模式存在一定的特殊性。这一特殊性主要表现在通过特殊目的机构的设立,将被证券化的著作权资产从发起人的其他资产中分离出来,实现不同资产风险与收益的隔离。此外,在著作权证券化过程中,发起人通常需要选择多个著作权作为基础资产,进行优化组合,这主要是为了避免基础资产过于单一所带来的风险。

(二) 多项选择题

1. 根据我国《著作权法》的规定,下列可以作为作者的有( )。

A. 微软小冰　　　　　　B. 日本人东田一本

C. 中国人小王　　　　　D. 7 岁的学生

E. AI 主播

【答案】B C D

【解析】本题考查著作权的一般主体。作者是创作作品的自然人,如无相反规定,著作权属于作者。著作权法所称创作,是指直接产生文学、艺术和科学作品的智力活动。

2. 我国《中华人民共和国著作权法》所规定的"作品",下列领域不包括( )。

A. 艺术　　　　　　　　B. 商业秘密

C. 科学　　　　　　　　D. 文学

E. 工业技术

【答案】B E

【解析】本题考查作品的概念。我国《著作权法》所规定的"作品",是指文学、艺术和科学领域内具有独创性并能以一定形式表现的智力成果。

3. 下列关于作品的表述错误的有( )。

A. 只要属于文学、艺术和科学领域内以一定形式体现的智力产品就是作品

B. 属于文学、艺术和科学领域内的智力成果

C. 可不以某种有形形式复制

D. 篇幅达到一定规模

E. 自然界的美丽风景是大自然的作品,可以为著作权法所保护

【答案】ACDE

【解析】本题考查作品的概念及要件。"作品",是指文学、艺术和科学领域内有独创性并能以一定形式表现的智力成果,没有独创性的产品不能称之为作品。构成著作权法意义上的"作品"应当满足3个条件:(1)作品应当是人类智力创作成果的体现,纯粹自然的产物不能构成作品;(2)作品应当具有独创性,独创性强调独立创作完成、体现作者的选择和判断以及达到一定的创作高度,其中的智力成分不能过于微不足道;(3)作品应当可被复制,复制的前提是作品需要以一定的外在形式固定下来,并能被外界所感知。

4. 下列选项中属于我国著作权法规定的作品的有(　　)。

A. 授课　　　　　　　　　B. 音乐

C. 黄梅戏　　　　　　　　D. 绘画

E. 《著作权法》

【答案】ABCD

【解析】本题考查作品的种类。在我国,作品包括文字作品,口述作品,音乐、戏剧、曲艺、舞蹈、杂技艺术作品,美术作品等。

5. 下列选项中对民间文学艺术作品的描述正确的有(　　)。

A. 权利属于特定的民族　　　B. 保护期与《著作权法》的作品相同

C. 可以转让　　　　　　　　D. 权利属于特定的社群

E. 可以设定质权

【答案】AD

【解析】本题考查民间文学艺术作品。在权利归属方面,民间文学艺术作品的著作权属于特定的民族、族群或者社群。在保护期方面,民间文学艺术作品的著作权保护期不受时间限制。在权利行使方面,由于民间文学艺术作品与特定的民族、族群或者社群存在不可分割的联系,其著作权一般不得任意转让、设定质权或者作为强制执行的标的。

6. 根据著作权法的规定,下列选项中受著作权法保护的有(　　)。

A. 时事新闻　　　　　　　　B. 历法

C. 地图   D. 建筑

E. 构思

【答案】C D

【解析】本题考查著作权客体的排除对象。抽象的思想、观念、创意、构思、概念、操作方法等不受著作权法保护，只保护独创性的表达。《著作权法》第5条规定，著作权法中的排除对象主要包括法律、法规，国家机关的决议、决定、命令和其他具有立法、行政、司法性质的文件，及其官方正式译文；单纯事实消息；历法、通用数表、通用表格和公式。

7. 中国版权保护中心可登记的作品有（　　）。

A. 深圳市民创作的音乐作品   B. 广州市民编写的计算机软件

C. 广州市民的美术作品质权合同登记   D. 苏州市民拍摄的摄影作品

E. 广州市民进行的许可登记

【答案】B C

【解析】本题考查著作权的登记。中国版权保护中心为计算机软件著作权登记和其他作品著作权质权合同登记机构。

8. 下列选项中属于我国著作权法保护的客体有（　　）。

A. 某卫视制作的时事新闻

B.《著作权法》的官方正式英文译文

C. 通过微信公众号推送的体育赛事新闻

D. 某艺术家表演的魔术

E. 湖南电视台精心制作的电视剧

【答案】D E

【解析】本题考查著作权客体的排除对象。《著作权法》第5条规定，著作权法中的排除对象主要包括法律、法规，国家机关的决议、决定、命令和其他具有立法、行政、司法性质的文件，及其官方正式译文；单纯事实消息；历法、通用数表、通用表格和公式。

9. 下列选项中受《著作权法》保护的有（　　）。

A. 中国公民张某，未满16周岁，其尚未发表的作品

B. 在上海设立的外资企业A的尚未发表的作品

C. 无国籍人甲的作品首次在中国参加的国际条约的成员国和非成员国同时出版的

D. 未与中国签订协议或者共同参加国际条约的国家的作者的作品首次在中国参加的国际条约的成员国出版的

E. 美籍华人李某在非国际条约成员国尚未发表的作品

【答案】A B C D

【解析】本题考查著作权法的保护对象。《著作权法》第2条规定，中国自然人、法人或者非法人组织的作品，不论是否发表，依照本法享有著作权。外国人、无国籍人的作品根据其作者所属国或者经常居住地国同中国签订的协议或者共同参加的国际条约享有的著作权，受本法保护。外国人、无国籍人的作品首次在中国境内出版的，依照本法享有著作权。未与中国签订协议或者共同参加国际条约的国家的作者以及无国籍人的作品首次在中国参加的国际条约的成员国出版的，或者在成员国和非成员国同时出版的，受本法保护。

10. 某制作公司在制作一节目中为烘托剧情，使用播放了某正版唱片中的部分音乐作品作为背景音乐。中国音乐著作权协会（音乐作品著作权人授权的集体管理组织）以该使用行为未经许可为由要求制片人支付报酬。该协会的要求被拒绝后，遂向法院起诉。下列说法错误的有（　　）。

A. 播放行为是合理使用行为

B. 播放行为侵犯了音乐作品著作权人的表演权

C. 播放行为侵犯了录音制品制作者的播放权

D. 中国音乐著作权协会不是正当原告

E. 中国音乐著作权协会对该部分音乐作品被侵权没有直接的利害关系

【答案】A B C D

【解析】本题考查著作权的保护问题。本题中，某制作公司使用该音乐作品的行为不属于合理使用的范畴，故选项A的说法错误。同时，中国音乐著作权协会是音乐作品著作权人授权的集体管理组织，对于音乐作品被侵权具有直接的利害关系，可以作为诉讼原告，故选项D的说法错误。本题的难点在于：（1）音乐作品著作权

人应当如何理解？对此，音乐作品的著作权人包括音乐作品的作者或者音乐作品的投资人，表演者一般不能视为严格意义上的著作权人，而只能作为音乐作品的邻接权人。本题中，该音乐作品已经出版，故不存在侵犯音乐作品的作者或者音乐作品的投资人的表演权，而存在侵犯作为音乐作品邻接权人的表演者的表演权。故选项B的说法错误。(2)录音制品制作者是否享有播放权？《著作权法》第44条规定，录音录像制作者对其制作的录音录像制品，享有许可他人复制、发行、出租、通过信息网络向公众传播并获得报酬的权利；权利的保护期为50年，截至该制品首次制作完成后第50年的12月31日。录音录像制作者不存在播放权的问题，故选项C说法错误。

11. 某协会为了向会员介绍最新研究成果，于是将2018年至2019年已经发表的著作权侵权惩罚性赔偿的论文进行整理并出版了《著作权侵权惩罚性赔偿论文选集》。下列描述错误的有（   ）。

    A. 被选编入论文选集的论文均已发表，故该协会不需征得论文著作权人的同意

    B. 该论文选集具有公益性，故该协会不需向论文著作权人支付报酬

    C. 该协会的行为构成转载摘编已发表作品的法定许可

    D. 他人复制该论文选集只需征得该协会同意并支付报酬即可

    E. 即使该协会未经论文著作权人同意而收录相关论文，该协会对该论文选集仍享有著作权

【答案】A B C D

【解析】本题考查著作权归属和侵犯著作权的行为。《著作权法》第15条规定，汇编若干作品、作品的片段或者不构成作品的数据或者其他材料，对其内容的选择或者编排体现独创性的作品，为汇编作品，其著作权由汇编人享有，但行使著作权时，不得侵犯原作品的著作权。第16条规定，使用改编、翻译、注释、整理、汇编已有作品而产生的作品进行出版、演出和制作录音录像制品，应当取得该作品的著作权人和原作品的著作权人许可，并支付报酬。转载摘编的法定许可限于报刊之间，不包括图书。

12. 某科研单位安排甲进行某科学项目研究，甲将研究成果汇集成册并由某出版社出版。下列说法正确的有（   ）。

    A. 甲的行为属于职务行为，同时著作权由甲享有

B. 甲所在的单位有权在业务范围内优先对甲的成果进行使用

C. 作品完成 2 年内，甲可以不经单位同意许可他人以同样的方式使用

D. 甲与其单位可以通过合同约定著作权的归属

E. 作品完成 5 年内，甲可以不经单位同意许可他人以同样的方式使用

【答案】A B D

【解析】本题考查职务作品的著作权。根据《著作权法》第 18 条第 1 款规定，自然人为完成法人或者非法人组织工作任务所创作的作品是职务作品，除本条第 2 款的规定以外，著作权由作者享有，但法人或者非法人组织有权在其业务范围内优先使用。作品完成 2 年内，未经单位同意，作者不得许可第三人以与单位使用的相同方式使用该作品。同时，甲和其所在单位还可以合同的方式约定著作权由其单位享有。甲享有署名权，著作权的其他权利由甲所在的单位享有，其单位可以给予甲奖励。

13. 说唱老艺人王某经多年收集、整理，将一民间传说创作成评书《木兰从军》，同时录制成磁带。《木兰从军》在电台播出时，作家李某逐段录音，并根据录音记录成书，出版了同名小说《木兰从军》，署名为李某。对此，不符合《著作权法》规定的有（　　）。

A. 评书《木兰从军》为王某创作的口述作品，应受《著作权法》保护

B. 民间传说不是作品，故对花木兰的故事任何人均可利用

C. 李某未经许可，将录音记录作为自己的作品出版，侵犯了王某的著作权

D. 李某将民间传说改编为小说，是独立创作行为，并未侵犯王某的著作权

E. 王某所创作的《木兰从军》为录音作品，应受《著作权法》保护

【答案】A B D

【解析】本题考查作品的分类及其保护问题。王某所创作的《木兰从军》为录音作品，不为口述作品。民间传说为民间文学艺术作品，受《著作权法》保护。至于由谁行使权利，尚存争议。李某未经许可，将王某的录音作品进行编辑，侵害了王某的著作权。

14. 琉璃厂附近一家字画店老板刘某请书法家舒某为其写个门匾题词，作为店上招牌，费用 3 万元。该店在未得到舒某同意的情况下，将题名印刷在为客户准备

的手提袋上。舒某发现后，希望店主能够终止这一行为，但店主不同意。不得已，舒某将店主诉至法院。依《著作权法》的规定，舒某向被告提出的下述主张不能依法成立的有（　　）。

  A. 侵犯其题词的所有权　 B. 侵犯其题词的发表权

  C. 侵犯其题词的展览权　 D. 侵犯其题词的复制权

  E. 侵犯其题词的署名权

  【答案】A B C

  【解析】本题考查著作权的内涵。本题中，舒某为字画店写门匾后，该门匾原件的所有权和展览权即归该字画店享有，且该门匾已经公之于众，故也不存在侵犯发表权的问题。字画店将题词印制在自己的包装袋上，侵犯了舒某的复制权和署名权。

15. 下列关于计算机软件的著作权侵权的说法正确的有（　　）。

  A. 小明购买正版软件光盘后，将该软件拷贝给多个朋友，并将光盘出租给其他同学，小明的拷贝行为构成侵权，但出租行为不构成侵权

  B. 小王为个人操作便利使用盗版软件，构成侵权，但可以不承担赔偿责任

  C. 小芳不知道也没有合理理由应当知道其使用的软件是侵权复制品的，不构成侵权

  D. 甲公司不知其以正常渠道采购的软件是侵权复制品，若停止使用并销毁这些软件将严重影响甲公司的日常经营，甲公司可以在向软件著作权人支付合理费用后继续使用

  E. 小李使用盗版软件从事经营活动，但其经营范围很小，无需承担赔偿责任

  【答案】B D

  【解析】本题考查计算机软件的著作权侵权问题。《计算机软件保护条例》第24条规定，除法律、行政法规另有规定外，未经软件著作权人许可，有下列侵权行为的，应当根据情况，承担停止侵害、消除影响、赔礼道歉、赔偿损失等民事责任；同时损害社会公共利益的，由著作权行政管理部门责令停止侵权行为，没收违法所得，没收、销毁侵权复制品，可以并处罚款；情节严重的，著作权行政管理部门并可以没收主要用于制作侵权复制品的材料、工具、设备等；触犯刑律的，依照刑法关于侵犯著作权罪、销售侵权复制品罪的规定，依法追究刑事责任：(1) 复制或者

部分复制著作权人的软件的;(2)向公众发行、出租、通过信息网络传播著作权人的软件的。小明的拷贝行为和出租行为分别侵犯了计算机软件著作权人的复制权和出租权。个人使用盗版软件构成侵权,软件著作权人可以要求其承担停止使用、删除、销毁该软件等民事责任。未利用计算机软件从事经营活动,可不承担赔偿责任。

《计算机软件保护条例》第30条规定,软件的复制品持有人不知道也没有合理理由应当知道该软件是侵权复制品的,不承担赔偿责任;但是,应当停止使用、销毁该侵权复制品。如果停止使用并销毁该侵权复制品将给复制品使用人造成重大损失的,复制品使用人可以在向软件著作权人支付合理费用后继续使用。

16. 下列关于著作权集体管理组织的说法正确的有（　　）。

A. 著作权集体管理组织,是指为权利人的利益依法设立,根据权利人授权、对权利人的著作权或者与著作权有关的权利进行集体管理的社会团体

B. 我国著作权集体管理组织的业务活动具有独占性,除依法设立的著作权集体管理组织外,其他组织和个人均不得实施著作权集体管理活动

C. 著作权集体管理组织依据其与权利人签订的合同开展著作权集体管理活动。权利人可以根据章程规定的程序终止著作权集体管理合同,一经终止,即使著作权集体管理组织已经与他人订立许可使用合同,该许可合同一并终止

D. 著作权集体管理组织超出业务范围管理权利人的权利的,由国务院著作权管理部门责令限期改正,其与使用者订立的许可使用合同无效;给权利人、使用者造成损害的,依法承担民事责任

E. 我国著作权集体管理组织是官方的非营利性社会团体,依照有关社会团体登记管理的行政法规和《著作权集体管理条例》的规定进行登记并开展活动

【答案】ABD

【解析】本题考查著作权集体管理组织。著作权集体管理组织,是指为权利人的利益依法设立,根据权利人授权、对权利人的著作权或者与著作权有关的权利进行集体管理的社会团体。我国著作权集体管理组织是非官方的非营利性社会团体,依照有关社会团体登记管理的行政法规和《著作权集体管理条例》的规定进行登记并开展活动。我国著作权集体管理组织的业务活动具有独占性,除依法设立的著作权集体管理组织外,其他组织和个人均不得实施著作权集体管理活动。

著作权集体管理组织依据其与权利人签订的合同开展著作权集体管理活动。权

利人符合章程规定加入条件的,著作权集体管理组织应当与其订立著作权集体管理合同,不得拒绝。权利人可以根据章程规定的程序终止著作权集体管理合同,但著作权集体管理组织已经与他人订立许可使用合同的,该合同在期限届满前继续有效。

著作权集体管理组织超出业务范围管理权利人的权利的,由国务院著作权管理部门责令限期改正,其与使用者订立的许可使用合同无效;给权利人、使用者造成损害的,依法承担民事责任。

17. 下列关于著作人身权的描述说法正确的有（　　）。

A. 署名权是表明作者身份,在作品上署名的权利

B. 修改权是修改或者授权他人修改作品的权利

C. 作者死亡后,有继承人的,署名权由其继承人继承

D. 作者死亡后,有继承人的,修改权由其继承人继承

E. 著作人身权中的发表权可以由继承人行使

【答案】A B E

【解析】本题考查著作人身权。著作人身权中的发表权可以由继承人行使,但是署名权、修改权和保护作品完整权由继承人保护。

18. 下列选项中属于信息网络传播权的权利人有（　　）。

A. 著作权人　　　　　　　B. 表演者

C. 网络用户　　　　　　　D. 录音录像制作者

E. 网站

【答案】A B D

【解析】本题考查信息网络传播权。即以有线或者无线方式向公众提供作品,使公众可以在其个人选定的时间和地点获得作品的权利。著作权人、表演者、录音录像制作者为信息网络传播权的权利人。

19. 下列关于认定合理使用的适用条件有（　　）。

A. 一般情况下,使用的也可以是未发表作品

B. 使用不得影响著作权人正常使用作品

C. 应当指明作者姓名、作品名称,尊重作者的人身权

D. 使用不得损害著作权人的合法利益

E. 使用已经合法发表的作品

【答案】B C D E

【解析】本题考查构成著作权合理使用。一般需满足如下适用条件：（1）作品应当是已经合法发表的作品，未发表的作品通常不适用合理使用；（2）应当指明作者姓名或者名称、作品名称，尊重作者的人身权；（3）合理使用不得影响该作品的正常使用，且不得不合理地损害著作权人的合法利益。需要注意的是，图书馆、档案馆、纪念馆、博物馆、美术馆等为陈列或者保存版本的需要，复制本馆收藏的作品，属于合理使用，且使用对象不限于已发表作品。

20. 下列关于国家机关为执行公务在合理范围内使用已经发表的作品，说法正确的有（　　）。

A. 可以不经著作权人许可　　B. 应当向著作权人支付报酬

C. 可以不向著作权人支付报酬　　D. 应当指明作者姓名、作品名称

E. 必须经过著作权人许可

【答案】A C D

【解析】本题考查著作权合理使用制度。合理使用，是指自然人、法人或者非法人组织根据法律规定，可以不经著作权人许可，使用他人已发表作品，且无须支付报酬的一项制度。

21. 下列著作权民事侵权行为在损害公共利益的情况下，构成行政违法的有（　　）。

A. 未经著作权人许可，发表其作品的

B. 通过信息网络向公众传播其作品的

C. 未经出版者许可，使用其出版的图书、期刊的版式设计的

D. 未经许可，播放或者复制广播、电视的

E. 未经表演者许可，复制、发行录有其表演的录音录像制品的

【答案】A B D E

【解析】本题考查侵权著作权的行政违法行为。《著作权法》第53条规定，以下著作权民事侵权行为在损害公共利益的情况下，构成行政违法：（1）未经著作权

人许可，复制、发行、表演、放映、广播、汇编、通过信息网络向公众传播其作品的，本法另有规定的除外；(2) 出版他人享有专有出版权的图书的；(3) 未经表演者许可，复制、发行录有其表演的录音录像制品，或者通过信息网络向公众传播其表演的，本法另有规定的除外；(4) 未经录音录像制作者许可，复制、发行、通过信息网络向公众传播其制作的录音录像制品的，本法另有规定的除外；(5) 未经许可，播放、复制或者通过信息网络向公众传播广播、电视的，本法另有规定的除外。

22. 下列行为可能导致网络服务提供者承担著作权间接侵权责任的有（   ）。

A. 教唆　　　　　　　　　　B. 帮助

C. 制作侵权内容　　　　　　D. 提供存储空间

E. 提供技术支持

【答案】A B D E

【解析】本题考查网络服务提供者的法律责任。网络服务提供者承担著作权间接侵权责任分为两种情况，一是教唆，二是帮助。网络服务提供者以言语、推介技术支持、奖励积分等方式诱导、鼓励网络用户实施侵害信息网络传播权行为的，人民法院应当认定其构成教唆侵权行为。网络服务提供者明知或者应知网络用户利用网络服务侵害信息网络传播权，未采取删除、屏蔽、断开链接等必要措施，或者提供技术支持等帮助行为的，人民法院应当认定其构成帮助侵权行为。

23. 下列选项中属于侵权人可以在诉前要求法院采取的措施的是（   ）。

A. 临时禁令　　　　　　　　B. 进行和解

C. 赔偿损失　　　　　　　　D. 发送侵权警告函

E. 财产保全

【答案】A D

【解析】本题考查侵犯著作权的法律责任。《著作权法》第56条规定，著作权人或者与著作权有关的权利人有证据证明他人正在实施或者即将实施侵犯其权利、妨碍其实现权利的行为，如不及时制止将会使其合法权益受到难以弥补的损害的，可以在起诉前向人民法院申请采取财产保全、责令作出一定行为或者禁止作出一定行为等措施。

24. 下列关于侵犯著作权的行政责任与刑事责任的说法正确的有（　　）。

A. 某些著作权民事侵权行为在损害公共利益的情况下，可能构成行政违法行为，但如果某一行为构成行政违法行为，就不可能再构成刑事犯罪行为

B. 对于构成著作权行政违法的行为，著作权行政管理部门可以采取警告，责令停止侵权行为，没收违法所得，没收、销毁侵权复制品，并可处以罚款；情节严重的，著作权行政管理部门还可以没收主要用于制作侵权复制品的材料、工具、设备等

C. 对于构成侵犯著作权罪的情形，违法所得数额较大或者有其他严重情节的，处3年以下有期徒刑或者拘役，并处或者单处罚金；违法所得数额巨大或者有其他特别严重情节的，处3年以上7年以下有期徒刑，并处罚金

D. 对于侵犯著作权罪和销售侵权复制品罪，如果因侵犯知识产权被刑事处罚或者行政处罚后，再次侵犯知识产权构成犯罪，则一般不适用缓刑

E. 对于侵犯著作权罪和销售侵权复制品罪，如果不具有悔罪表现的或拒不交出违法所得的，则一般不适用缓刑

【答案】BCDE

【解析】本题考查侵犯著作权的法律责任。《著作权法》第53条规定，对于构成著作权行政违法的行为，由主管著作权的部门责令停止侵权行为，予以警告，没收违法所得，没收、无害化销毁处理侵权复制品以及主要用于制作侵权复制品的材料、工具、设备等，违法经营额5万元以上的，可以并处违法经营额1倍以上5倍以下的罚款；没有违法经营额、违法经营额难以计算或者不足5万元的，可以并处25万元以下的罚款。《著作权行政处罚实施办法》第31条规定，具有下列情形之一的，属于"情节严重"：（1）违法所得数额（即获利数额）2500元以上的；（2）非法经营数额在15000元以上的；（3）经营侵权制品在250册（张或份）以上的；（4）因侵犯著作权曾经被追究法律责任，又侵犯著作权的；（5）造成其他重大影响或者严重后果的。

《刑法》第217条规定，对于构成侵犯著作权罪的情形，违法所得数额较大或者有其他严重情节的，处3年以下有期徒刑或者拘役，并处或者单处罚金；违法所得数额巨大或者有其他特别严重情节的，处3年以上7年以下有期徒刑，并处罚金。第218条规定，对于构成销售侵权复制品罪的情形，违法所得数额巨大的，处3年以下有期徒刑或者拘役，并处或者单处罚金。

《最高人民法院、最高人民检察院关于办理侵犯知识产权刑事案件具体应用法律若干问题的解释（三）》第8条规定，具有下列情形之一的，可以酌情从重处罚，一般不适用缓刑：(1) 主要以侵犯知识产权为业的；(2) 因侵犯知识产权被行政处罚后再次侵犯知识产权构成犯罪的；(3) 在重大自然灾害、事故灾难、公共卫生事件期间，假冒抢险救灾、防疫物资等商品的注册商标的；(4) 拒不交出违法所得的。第9条规定，具有下列情形之一的，可以酌情从轻处罚：(1) 认罪认罚的；(2) 取得权利人谅解的；(3) 具有悔罪表现的；(4) 以不正当手段获取权利人的商业秘密后尚未披露、使用或者允许他人使用的。第10条规定，罚金数额一般在违法所得数额的1倍以上5倍以下确定。违法所得数额无法查清的，罚金数额一般按照非法经营数额的50%以上1倍以下确定。违法所得数额和非法经营数额均无法查清，判处3年以下有期徒刑、拘役、管制或者单处罚金的，一般在3万元以上100万元以下确定罚金数额；判处3年以上有期徒刑的，一般在15万元以上500万元以下确定罚金数额。对于侵犯知识产权犯罪的，人民法院应当综合考虑犯罪的违法所得、非法经营数额、给权利人造成的损失、社会危害性等情节，依法判处罚金。

25. 下列关于著作权国际保护的发展与原则的说法错误的有（　　）。

A. WCT是《伯尔尼公约》的专门协定，主要涉及数字环境下作品和作品作者的保护。WCT不与除《伯尔尼公约》以外的条约有任何关联，其任何内容均不得减损成员国相互之间依照《伯尔尼公约》已承担的现有义务

B. WPPT主要涉及表演者和录音制作者的权利保护，其规定对于将为商业目的发行的录音制品直接或间接地用于广播或用于对公众的任何传播，表演者和录音制品制作者享有获得一次性公平报酬的权利，成员国不得以保留的方式拒绝这一权利

C. 《伯尔尼公约》对国民待遇原则适用的是"作者国籍"和"作品国籍"双重国籍标准，其规定的国民待遇适用于公约规定的所有权利

D. 最低保护标准原则，指的是一国给予其他成员国国民的著作权保护应当满足国际公约规定的最低保护标准，是对国民待遇原则的重要补充。该原则使各成员国在著作权保护水平方面实现一定程度的统一，这对于促进各国在文学、艺术、科学方面开展国际交流具有十分重要的意义

E. 国民待遇原则是在承认各国著作权制度差异性的前提下，实现成员国著作权

制度之间协调，但在一国著作权保护水平较低的情况下，即使赋予国民待遇原则，也无法对另一成员国国民的著作权提供有效保护

【答案】B C

【解析】本题考查著作权国际保护。目前国际上最重要的有关著作权国际保护的公约为《伯尔尼公约》《世界知识产权组织版权条约》（WIPO Copyright Treaty，WCT）和《世界知识产权组织表演和录音制品条约》（WIPO Performances and Phonograms Treaty，WPPT），其中，后两者主要是为应对互联网等技术对著作权制度的挑战而诞生，因此又被合称为"互联网条约"。

WCT是《伯尔尼公约》的专门协定，主要涉及数字环境下作品和作品作者的保护。WCT不与除《伯尔尼公约》以外的条约有任何关联，其任何内容均不得减损成员国相互之间依照《伯尔尼公约》已承担的现有义务。

WPPT主要涉及表演者和录音制作者的权利保护。WPPT规定，对于将为商业目的发行的录音制品直接或间接地用于广播或用于对公众的任何传播，表演者和录音制品制作者享有获得一次性公平报酬的权利，但成员国可以以保留的方式拒绝这一权利，其他成员国可以拒绝将国民待遇给予作出保留的成员国。

国民待遇原则，指的是一国应将其现在给予和今后可能给予本国国民的著作权保护给予其他国民。根据《伯尔尼公约》，以下作者可以享受国民待遇：（1）作者为成员国的国民或者在成员国国内有惯常住所，无论其作品是否已经出版；（2）作者为非成员国的国民，其作品首次在一个成员国出版，或在一个非成员国和一个成员国同时出版，需要注意的是，一个作品在首次出版后30天内在两个或两个以上国家内出版，则该作品应视为同时在几个国家内出版。可见，《伯尔尼公约》对国民待遇适用的是"作者国籍"和"作品国籍"双重国籍标准。《伯尔尼公约》规定的国民待遇并不适用于公约规定的所有权利。例如，对于追续权，只有在作者本国法律承认这种保护的情况下，才可以在其他成员国内要求保护。

最低保护标准原则，指的是一国给予其他成员国国民的著作权保护应当满足国际公约规定的最低保护标准，这些标准主要包括权利保护客体、权利取得方式、权利内容、权利保护期、权利限制等。最低保护标准意味着各国仍可以赋予其他成员国国民更宽泛的著作权保护。最低保护标准原则是对国民待遇原则的重要补充。国民待遇原则是在承认各国著作权制度差异性的前提下，实现成员国著作权制度之间协调，但在一国著作权保护水平较低的情况下，即使赋予国民待遇原则，也无法对

另一成员国国民的著作权提供有效保护。最低保护标准原则有助于弥补这一缺陷，使各成员国在著作权保护水平方面实现一定程度的统一，这对于促进各国在文学、艺术、科学方面开展国际交流具有十分重要的意义。

（三）案例分析

王某创作了一幅美术作品《三只小松鼠》。某美术电影厂的制片人赵某看到后认为创意很好，便与王某签订了美术作品《三只小松鼠》的著作权转让合同，但美术作品《三只小松鼠》的原件仍归王某。随后，某美术电影厂成立动画片《三只小松鼠》拍摄小组，其中李某提供了创意，张某和孙某共同撰写完成了剧本《三只小松鼠》，钱某作为导演于2014年4月4日拍摄完成了动画片《三只小松鼠》。某电视台于2015年5月5日对《三只小松鼠》进行了首播。郑某看到后自己用录像设备录制后上传到某网络平台供公众观看，郑某并未获利且在片中载明"只供个人学习之用"。请回答以下问题。

1. 现王某准备将美术作品《三只小松鼠》的原件转让给第三人，下列描述正确的是（　　）。

   A. 王某无权将美术作品《三只小松鼠》的原件转让给第三人
   B. 王某有权将美术作品《三只小松鼠》的原件转让给第三人
   C. 第三人受让后可以对美术作品《三只小松鼠》行使展览权
   D. 第三人受让后对美术作品《三只小松鼠》不享有著作权

【答案】BCD

【解析】本题考查展览权的概念。展览权，即公开陈列美术作品、摄影作品的原件或者复制件的权利。美术等作品原件所有权的转移，不视为作品著作权的转移，但美术作品的原件所有人有权对作品进行展览。

2. 剧本《三只小松鼠》的著作权属于（　　）。

   A. 李某　　　　　　　　　　B. 张某和孙某
   C. 王某　　　　　　　　　　D. 某电影制片厂

【答案】B

【解析】本题考查著作权中职务作品的概念。职务作品是由公民为完成法人或者其他组织工作任务所创作的作品。职务作品的著作权一般由作者享有，但法人或者其他组织有权在其业务范围内优先使用。

3. 动画片《三只小松鼠》的著作财产权受保护的期限截至（　　）。

A. 2064 年 4 月 3 日　　　　　　B. 2064 年 12 月 31 日

C. 2065 年 5 月 4 日　　　　　　D. 2065 年 12 月 31 日

【答案】D

【解析】本题考查著作财产权受保护的期限。电影作品和以类似摄制电影的方法创作的作品、摄影作品，权利的保护期为 50 年，截止于作品首次发表后第 50 年的 12 月 31 日。

4. 下列选项中对郑某的行为描述正确的是（　　）。

A. 郑某的行为属于法定许可　　　B. 郑某的行为属于合理使用

C. 郑某的行为属于侵权行为　　　D. 郑某的行为属于合法行为

【答案】C

【解析】本题考查著作权的侵权行为。郑某的行为属于未经著作权人许可，通过信息网络提供他人的作品，侵犯信息网络传播权。

第九章 地理标志

一、知识点

理解地理标志产品以及地理标志作为证明商标、集体商标注册的申请主体，熟悉地理标志保护申请程序要求，掌握地理标志保护的实质性要求，熟悉地理标志专用标志的合法使用，掌握侵犯地理标志行为类型以及应承担的法律责任，掌握主要地理标志国际保护制度，熟悉中欧地理标志协定的概况、意义、基本内容和互认互保模式，熟悉区域全面经济伙伴关系协定的地理标志基本内容。

二、同步练习

（一）单项选择题

1. 关于地理标志产品的申请主体，下列选项正确的是（　　）。

A. 地理标志保护产品专用标志的使用申请主体可以是地理标志产品产地范围内的销售者

B. 地理标志产品保护申请，只能由当地县级以上人民政府认定的协会提出

C. 地理标志保护产品专用标志的申请，需向批准公告中确定的当地知识产权管理部门提出

D. 国外地理标志产品的在华保护，可以由该产品所在原产国或地区地理标志保护的原申请人之外的主体提出申请

【答案】C

【解析】本题考查地理标志产品的申请主体。地理标志保护产品专用标志使用申请，由地理标志产品产地范围内的需要使用地理标志保护产品专用标志的生产者，

向批准公告中确定的当地知识产权管理部门提出。国内地理标志产品的保护申请由当地县级以上人民政府指定的地理标志产品保护申请机构或人民政府认定的协会提出，并征求相关部门意见，属于国内地理标志产品申请主体。申请以地理标志作为集体商标、证明商标注册的，申请人应来自该地理标志标示地区范围内的团体、协会或者其他组织，其业务范围应与申请作为集体商标、证明商标注册的地理标志相关，属于作为证明商标或者集体商标注册的国内地理标志的申请主体。国外地理标志产品在华保护的申请提出，还需先经原产国或地区地理标志主管部门推荐，然后再向国家知识产权局提出。

2. 下列关于申请保护的地理标志产品的特色、质量应与产地具有（　　）。

A. 非关联性　　　B. 包含关系　　　C. 关联性　　　D. 利益关系

【答案】C

【解析】本题考查地理标志保护的实质性要求。申请保护的地理标志产品的特色、质量应与产地具有关联性。

3. 在地理标志产品保护的权利构成要素中，下列选项不属于地理标志产品保护申请提出内容的是（　　）。

A. 申请机构　　　　　　　B. 申请主体的基本信息

C. 产品描述　　　　　　　D. 产品名称

【答案】B

【解析】本题考查地理标志的申请。保护申请的提出是地理标志产品获得保护的基础，其内容主要包括产品名称、申请机构、产地范围、产品描述、质量要求、产品特色质量与地域关联性、专用标志管理机构、检测机构。

4. 下列关于侵犯商标专用权的赔偿数额计算方式，说法错误的是（　　）。

A. 侵犯以地理标志作为集体商标、证明商标注册的商标专用权的赔偿数额，按照权利人因被侵权所受到的实际损失确定

B. 对恶意侵犯商标专用权，情节严重的，可以在按照上述方法确定数额的1倍以上10倍以下确定赔偿数额

C. 权利人的损失或者侵权人获得的利益难以确定的，参照该集体商标、证明商

标许可使用费的倍数合理确定

D. 侵犯以地理标志作为集体商标、证明商标注册的商标专用权的实际损失难以确定的，可以按照侵权人因侵权所获得的利益确定

【答案】B

【解析】本题考查作为证明商标或者集体商标注册的地理标志的保护。对恶意侵犯商标专用权，情节严重的，可以在按照上述方法确定数额的 1 倍以上 5 倍以下确定赔偿数额。

5. 某企业在自己生产的商品将不是地理标志保护的产品标注为地理标志产品进行生产销售，累计销售额达 10 万元，该企业将面临的惩罚是（　　）。

A. 已构成犯罪，面临刑事责任　　　B. 2 万元罚款

C. 没收全部违法所得　　　D. 没收伪造地理标志产品的工具

【答案】B

【解析】本题考查侵犯地理标志行为的法律责任。未经批准地理标志保护的产品冒充已经批准的地理标志产品生产销售，主要处罚为责令其立即停止假冒行为、限期改正，违法经营额 5 万元以上的，可以处违法经营额 20% 以下的罚款；没有违法经营额或者违法经营额不足 5 万元的，可以处 1 万元以下的罚款。

6. 权利人因被侵权所受到的实际损失、侵权人因侵权所获得的利益、集体商标或证明商标注册商标许可使用费难以确定的，由人民法院根据侵权行为的情节判决给予（　　）以下的赔偿。

A. 100 万元　　　B. 300 万元　　　C. 500 万元　　　D. 1000 万元

【答案】C

【解析】本题考查作为证明商标或者集体商标注册的地理标志的保护。权利人因被侵权所受到的实际损失、侵权人因侵权所获得的利益、集体商标或证明商标注册商标许可使用费难以确定的，由人民法院根据侵权行为的情节判决给予 500 万元以下的赔偿。

7. 下列有关《巴黎公约》的说法正确的是（　　）。

A. 是第一个对原产地名称提供专门保护的多边协定

B. 我国尚未加入该公约

C. 公约明确将货源标记和原产地名称作为知识产权独立形态予以保护

D. 世界贸易组织负责对协定的管理和执行

【答案】C

【解析】本题考查地理标志国际保护制度。《里斯本协定》是第一个对原产地名称提供专门保护的多边协定。我国于1985年正式加入《巴黎公约》。《巴黎公约》是由世界知识产权组织负责管理的。

8. 下列有关地理标志产品专用标志的使用和监管的描述正确的是（   ）。

A. 国家知识产权局负责地理标志专用标志使用的日常监管

B. 国家知识产权局统一制定发布地理标志专用标志使用管理要求

C. 省级以上政府负责组织实施地理标志专用标志的监管

D. 使用人可以根据包装需要更改专用标志的颜色，但不得更改图案形状

【答案】B

【解析】本题考查地理标志专用标志。《地理标志专用标志使用管理办法（试行）》第3条规定，国家知识产权局负责统一制定发布地理标志专用标志使用管理要求，组织实施地理标志专用标志使用监督管理。地方知识产权管理部门负责地理标志专用标志使用的日常监管。

9. 销售不知道是侵犯以地理标志作为集体商标、证明商标注册的商标专用权的商品，能证明该商品是自己合法取得并说明提供者的，由相关行政部门责令其停止销售。不可以证明该商品是自己合法取得的情形包括（   ）。

A. 有供货单位合法签章的供货清单和货款收据且经查证属实或者供货单位认可的

B. 有购买单位的购买证明且真实的

C. 有供销双方签订的进货合同且经查证已真实履行的

D. 有合法进货发票且发票记载事项与涉案商品对应的

【答案】B

【解析】本题考查作为证明商标或者集体商标注册的地理标志的保护。销售不知道是侵犯以地理标志作为集体商标、证明商标注册的商标专用权的商品，能证明

该商品是自己合法取得并说明提供者的,由相关行政部门责令其停止销售。可以证明该商品是自己合法取得的情形包括:(1)有供货单位合法签章的供货清单和货款收据且经查证属实或者供货单位认可的;(2)有供销双方签订的进货合同且经查证已真实履行的;(3)有合法进货发票且发票记载事项与涉案商品对应的;(4)其他能够证明合法取得涉案商品的情形。

10. 地理标志的国际保护始于(　　)。

A.《巴黎公约》　　　　　　B.《马德里协定》

C.《与贸易有关的知识产权协定》　D.《里斯本协定》

【答案】A

【解析】本题考查主要地理标志国际保护制度。地理标志的国际保护始于《巴黎公约》。

11. 下列关于第一个对原产地名称提供专门保护的多边协定,正确的是(　　)。

A.《巴黎公约》　　　　　　B.《马德里协定》

C.《与贸易有关的知识产权协定》　D.《里斯本协定》

【答案】D

【解析】本题考查主要地理标志国际保护制度。《里斯本协定》是第一个对原产地名称提供专门保护的多边协定。

12. 下列关于国际注册里斯本体系说法不正确的是(　　)。

A. 缔约国可以在收到注册通知3年之内提出声明,声明其不能保证在其领土内保护某注册名称,声明须说明不予保护的理由,缔约国随后可以撤回驳回

B. 国际局设立原产地名称国际注册簿,并将注册情况通知其他缔约国

C. 国际局还在里斯本体系官方公报中公布注册情况

D. 国际局根据有关缔约国主管机关提出的请求进行原产地名称注册

【答案】A

【解析】本题考查主要地理标志国际保护制度。缔约国可以在收到注册通知1年之内提出声明,声明其不能保证在其领土内保护某注册名称,声明须说明不予保护的理由,缔约国随后可以撤回驳回。

13. 1989 年 10 月 26 日国家工商行政管理局发文通知，要求我国企业、事业单位和个体工商户以及在中国的外国企业不得在酒类商品上使用"Champagne"或"香槟"（包括大香槟、小香槟、女士香槟）字样。这是因为，当时的国家工商行政管理局基于（　　）而履行对原产地名称保护的有关国际义务。

A. 《里斯本协定》　　　　　　　　B. 《与贸易有关的知识产权协定》

C. 《马德里协定》　　　　　　　　D. 《巴黎公约》

【答案】D

【解析】本题考查主要地理标志国际保护制度。2001 年 11 月 10 日，我国加入世界贸易组织，并开始履行《与贸易有关的知识产权协定》。目前，我国没有加入《里斯本协定》。

14. 作为当今国际社会最具影响力的多边知识产权协定，首次将知识产权规则纳入多边贸易体系的世界贸易组织的制度是（　　）。

A. 《巴黎公约》　　　　　　　　　B. 《马德里协定》

C. 《与贸易有关的知识产权协定》　D. 《里斯本协定》

【答案】C

【解析】本题考查主要地理标志国际保护制度。《与贸易有关的知识产权协定》首次将知识产权规则纳入多边贸易体系，是当今国际社会最具影响力的多边知识产权协定。

15. 下列有关作为集体商标、证明商标注册的地理标志使用的说法正确的是（　　）。

A. 应与地理标志名称一同使用

B. 必须与集体商标、证明商标一同使用

C. 必须在产品标签上标注地标批准公告号

D. 在产品本身、包装、容器中标注商标注册号

【答案】B

【解析】本题考查地理标志专用标志的使用要求。(1) 地理标志保护产品和作为集体商标、证明商标注册的地理标志使用地理标志专用标志的，应在地理标志专用标志的指定位置标注统一社会信用代码。(2) 地理标志保护产品使用地理标志专

用标志的,应同时使用地理标志专有标志或地理标志名称,并在产品标签或包装物上标注所执行的一理标志标准代号或批准公告号。(3)作为集体商相当规模、证明商标注册的地理标志使用地理标志专地理标志专用标志用标的,应同时使地理标志专用标志和该体集商标或证明商标,并加注商标注册号。选项A和C是地理标志产品的要求,选项D应为"在指定位置"。

16. 关于地理标志产品保护的权利构成要素,下列选项正确的是(   )。

A. 地理标志名称可以是通用名称或动植物品种名称

B. 产品描述包括产品的形状、重量规模、尺寸、颜色、味道、物理化学性质等

C. 必有产品的特色、质量与产地的自然因素、人文因素、社会因素之间关系说明

D. 具体负责管理本产品专用标志的机构,一般为产品所在地省级知识产权管理部门

【答案】B

【解析】本题考查地理标志产品保护的权利构成要素。地理标志名称必须是商业或日常用语,不得为通用名称或动植物品种名称。在产品特色质量与地域关联性上,必须说明产品的特色、质量与产地的自然因素和人文因素之间关系,无须说明与社会因素之间的关系。具体负责管理本产品专用标志的机构,一般为产品所在地知识产权管理部门,不一定为所在地省级知识产权管理部门。

17. 下列选项中不属于地理标志专用标志合法使用人应当履行的义务的是(   )。

A. 按照相关标准、管理规范和使用管理规则组织生产地理标志产品

B. 每年定期向社会公开地理标志专用标志使用情况

C. 按照地理标志专用标志的使用要求,规范标示地理标志专用标志

D. 及时向所在地知识产权管理部门报送地理标志专用标志使用情况

【答案】B

【解析】本题考查地理标志专用标志合法使用人应当履行的义务。地理标志专用标志合法使用人应当遵循诚实信用原则,履行如下义务:(1)按照相关标准、管理规范和使用管理规则组织生产地理标志产品;(2)按照地理标志专用标志的使用要求,规范标示地理标志专用标志;(3)及时向社会公开并定期向所在地知识产权

管理部门报送地理标志专用标志使用情况。应当注意的是，地理标志专用标志合法使用人应及时向社会公开地理标志专用标志使用情况，而不是定期履行其向社会公开使用情况的义务。

18. 下列不符合地理标志产品名称要求的名称是（ ）。

    A. 大同黄花　　　　　　　　B. 丽水山耕

    C. 衡水老白干　　　　　　　D. 乌江榨菜

    【答案】B

    【解析】本题考查地理标志名称。选项 B 是区域品牌，其他都是地理标志。

19. 《与贸易有关的知识产权协定》要求在世界贸易组织内部进一步谈判，推动建立一个（ ）地理标志的多边通报和注册体系。

    A. 葡萄酒　　　B. 香槟　　　C. 烈酒　　　D. 专利

    【答案】A

    【解析】本题考查主要地理标志国际保护制度。《与贸易有关的知识产权协定》要求在世界贸易组织内部进一步谈判，推动建立一个葡萄酒地理标志的多边通报和注册体系，该体系延伸到烈酒。

20. 下列有关地理标志专用标志的描述和解释中错误的是（ ）。

    A. 地理标志的使用只能是地理标志产品产地范围内的生产者

    B. 地理标志底部的稻穗象征着丰收

    C. 地理标志前景的长城代表着中国地理标志的卓越品质与可靠性

    D. 地理标志专用标志的使用需按照规定的程序向国家知识产权局提出申请

    【答案】D

    【解析】本题考查地理标志专用标志的概念。地理标志专用标志的使用需按照规定的程序向知识产权管理部门提出申请，并不要求必须向国家知识产权局提出。

21. 作为证明商标或者集体商标注册的地理标志的保护，下列选项中不属于侵犯该集体商标、证明商标的注册商标专用权的行为的是（ ）。

    A. 甲未经集体商标、证明商标注册人的许可，在同一种商品上使用与其注册的

集体商标、证明商标相近似的商标的行为

B. 乙销售侵犯集体商标、证明商标注册的商标专用权的商品的行为

C. 丙未经集体商标、证明商标注册人同意，通过合法途径购买并销售带有集体商标、证明商标产品的行为

D. 丁伪造他人注册的集体商标、证明商标标识的行为

【答案】C

【解析】本题考查侵犯该集体商标、证明商标注册的商标专用权的行为类型。丙的行为属于合法销售行为。《商标法》第57条规定，有下列行为之一的，均属侵犯注册商标专用权：（1）未经商标注册人的许可，在同一种商品上使用与其注册商标相同的商标的；（2）未经商标注册人的许可，在同一种商品上使用与其注册商标近似的商标，或者在类似商品上使用与其注册商标相同或者近似的商标，容易导致混淆的；（3）销售侵犯注册商标专用权的商品的；（4）伪造、擅自制造他人注册商标标识或者销售伪造、擅自制造的注册商标标识的；（5）未经商标注册人同意，更换其注册商标并将该更换商标的商品又投入市场的；（6）故意为侵犯他人商标专用权行为提供便利条件，帮助他人实施侵犯商标专用权行为的；（7）给他人的注册商标专用权造成其他损害的。

（二）多项选择题

1. 下列可以是"昌平草莓"地理标志专用标志的合法使用人的有（　　）。

    A. 经公告核准昌平草莓的生产者

    B. 作为证明商标注册的注册人

    C. 作为证明商标的被许可人且已备案

    D. 经国家知识产权局备案的其他使用人

    E. 昌平本地生产昌平草莓包装的个体户

【答案】ABCD

【解析】本题考查地理标志专用标志的合法使用。合法使用人包括经公告核准使用地理标志产品专用标志的生产者，经初步审定公告或公告变更的已作为集体商标注册的地理标志注册人的集体成员，经公告备案的已作为证明商标注册的地理标志的被许可人，经国家知识产权局登记备案的其他使用人。

2. 下列有关《中欧地理标志协定》的论述正确的有（　　）。

　　A. 是中国对外商签的第一个全面的、高水平的地理标志双边协定

　　B. 手工艺品是《中欧地理标志协定》纳入的地理标志产品之一

　　C.《中欧地理标志协定》主要采用行政保护的保护手段

　　D. 中欧双方各 100 个地理标志产品的互认互保已实施

　　E. 中欧地理标志谈判于 2011 年正式启动，经历了 22 轮正式谈判，历时 8 年

【答案】A C D E

【解析】本题考查《中欧地理标志协定》。手工艺品仅给予了特别关注，尚未纳入产品保护。

3. 下列关于地理标志保护的实质性要求包括（　　）。

　　A. 地理标志产品知名度要求　　B. 地理标志产品技术标准要求

　　C. 地理标志产品地域划定　　D. 地理标志产品关联性

　　E. 地理标志产品申请主体范围

【答案】A B C D

【解析】本题考查地理标志保护的实质性要求。地理标志保护的实质性要求包括：（1）地理标志产品地域划定；（2）地理标志产品技术标准要求；（3）地理标志产品关联性；（4）地理标志产品知名度要求。

4. 申请保护的地理标志产品，应根据产品的类别、范围、知名度、产品的生产销售等方面的因素，分别制定相应的（　　）。

　　A. 销售价格　　B. 国家标准

　　C. 国家规范　　D. 地方标准

　　E. 管理规范

【答案】B D E

【解析】本题考查地理标志保护的实质性要求。申请保护的地理标志产品，应根据产品的类别、范围、知名度、产品的生产销售等方面的因素，分别制定相应的国家标准、地方标准或管理规范。

5. 下列关于法律或规章可作为侵犯地理标志产品行为的法律依据有（　　）。

A. 《商标法》

B. 《产品质量法》

C. 《集体商标、证明商标注册和管理办法》

D. 《标准化法》

E. 《地理标志产品保护规定》

【答案】A B D

【解析】本题考查侵犯地理标志产品行为的法律依据。地理标志生产者违反有关产品质量、标准方面规定的,由相关行政执法部门依据《商标法》《产品质量法》《标准化法》等有关法律予以行政处罚。

6. 某企业为了将自己生产的大米卖出一个好价钱,在自己生产的大米上标注五常大米地理标志保护产品,并在产品外包装上使用了五常大米证明商标,经查,销售额达到3万元,它将面临的处罚有(   )。

A. 没收大米生产机器   B. 处13万元的罚款

C. 没收、销毁相关大米   D. 立即停止假冒行为

E. 行政拘留10天,并处30万元罚款

【答案】A B C D

【解析】本题考查侵犯注册商标专用权的责任。《商标法》第60条规定,工商行政管理部门处理时,认定侵权行为成立的,责令立即停止假冒行为;没收、销毁侵权产品和主要用于制造、伪造地理标志产品的工具;违法经营额5万元以上的,可以处违法经营额5倍以下的罚款;没有违法经营额或者违法经营额不足5万元的,可以处25万元以下的罚款。

7. 关于国外地理标志产品在华保护的申请,下列选项错误的有(   )。

A. 申请人可以是产品所在原产国的任何主体

B. 只能是该产品所在原产国地理标志保护的原申请人

C. 在华保护工作的联系人不能指定代理人

D. 申请人可以指定其在华机构作为在华保护工作的联系人

E. 只能商请原产国官方驻华代表机构工作人员作为在华保护工作的联系人

【答案】A B C E

【解析】本题考查国外地理标志产品在华保护申请程序。国外地理标志产品在华保护，由该产品所在原产国或地区地理标志保护的原申请人申请，经原产国或地区地理标志主管部门推荐，向国家知识产权局提出。国外地理标志产品在华保护申请人可以指定其在华机构作为在华保护工作的联系人，也可商请原产国或地区官方驻华代表机构工作人员作为在华保护工作的联系人，或指定代理人。

8. 有关《中欧地理标志协定》，下列说法正确的是（　　　）。

A. 欧盟的 100 个地理标志在我国地理标志产品保护制度下获得认可，可以防范恶意注册，但不可对抗在后的普通商标注册

B. 2006 年，中国与欧盟农业总司共同发起中国—欧盟"10＋10"地理标志保护双边互保项目，并取得初步成效

C. 中欧地理标志互认互保合作不要求数量对等

D. 协定附录一次性对中欧双方各 275 个地理标志产品实施互认互保

E. 《中欧地理标志协定》是中国对外商签的第一个全面的、高水平的地理标志双边协定，显示了中国对中欧双边经贸关系的高度重视

【答案】B E

【解析】本题考查中欧地理标志协定。欧盟的 100 个地理标志在我国地理标志产品保护制度下获得认可，可对抗在后的普通商标注册，以防范恶意注册。中欧地理标志互认互保合作要求数量对等。例如，第一批清单，中欧各自推荐 100 个地理标志，实现对等互认互保。协定附录分两批对中欧双方各 275 个地理标志产品实施互认互保，第一批"100＋100"清单将在协定生效日实施，第二批"175＋175"清单将在未来 4 年分批实施。

第十章 商业秘密

一、知识点

掌握商业秘密的构成要件，熟悉商业秘密管理制度的制定，辨析保护商业秘密与市场竞争的关系，掌握侵犯商业秘密行为的构成要件以及表现形式，熟悉侵犯商业秘密行为的法律责任类型及后果，掌握侵犯商业秘密的抗辩事由。

二、同步练习

（一）单项选择题

1. 在我国对商业秘密进行依法保护，参照的法律是（   ）。

A.《专利法》   B.《商标法》

C.《反不正当竞争法》   D.《民商法》

【答案】C

【解析】本题考查商业秘密的法律法规。商业秘密也译作营业秘密、行业秘密、业务秘密。《反不正当竞争法》第9条第4款规定，商业秘密是指不为公众所熟悉、具有商业价值并经权利人采取相应保密措施的技术信息、经营信息等商业信息。

2. 下列选项中不属于商业秘密的构成要件的是（   ）。

A. 秘密性   B. 价值型   C. 保密性   D. 实用性

【答案】D

【解析】本题考查商业秘密的构成要件。商业秘密的构成需要具备以下3个要件：秘密性、价值性、保密性。秘密性，又被称为"非公知性"，它是指商业秘密应当是非公开的、不为公众所知悉的信息。价值性，是指该信息具有确定的可应用性，能为权利人带来现实的或者潜在的经济利益或竞争优势。保密性，是指权利人采取的商业秘密信息相适应的合理的保密措施。

3. 下列选项中属于商业秘密的"非公知性"中所谓的"公众"是（　　）。

A. 不相关领域人员　　　　B. 相关领域的专家

C. 相关领域一般技术人员　　D. 秘密信息的保管人

【答案】A

【解析】本题考查商业秘密的构成要件。所谓"公众"，在法律上一般是指不相关技术或经济领域的人员。

4. 为平衡竞业限制与人才合理流动的关系，竞业限制的人员不包括（　　）。

A. 企业的高级管理人员　　B. 企业的高级技术人员

C. 企业的所有职工　　　　D. 企业负有保密义务的人员

【答案】C

【解析】本题考查竞业限制与人才合理流动的关系。《劳动合同法》第23条规定，对负有保密义务的劳动者，用人单位可以在劳动合同或者保密协议中与劳动者约定竞业限制条款。第24条规定，竞业限制的人员限于用人单位的高级管理人员、高级技术人员和其他负有保密义务的人员，不能扩大到企业的所有职工。

5. 下列可以认为商业秘密信息不构成不为公众所知悉的事实是（　　）。

A. 该信息为所述领域的一般常识或者行业惯例

B. 该信息涉及产品的内部结构，进入市场后，相关公众可以通过拆解测绘手段得到

C. 该信息已经在企业内部微信群中发布

D. 该信息通过私人访谈得到

【答案】A

【解析】本题考查商业秘密的构成要件。《最高人民法院关于审理不正当竞争民事案件应用法律若干问题的解释》第9条第1款规定，有关信息不为其所属领域的相关人员普遍知悉和容易获得，应当认定为反不正当竞争法规定的"不为公众所知

悉"。同时，为明确"不为公众所知悉"的内涵和外延，第9条第2款规定，可以认定有关信息不构成不为公众所知悉的情形，其中包括：（1）该信息为其所属技术或者经济领域的人的一般常识或者行业惯例；（2）该信息仅涉及产品的尺寸、结构、材料、部件的简单组合等内容，进入市场后相关公众通过观察产品即可直接获得；（3）该信息已经在公开出版物或者其他媒体上公开披露；（4）该信息已通过公开的报告会、展览等方式公开；（5）该信息从其他公开渠道可以获得；（6）该信息无需付出一定的代价而容易获得。

6. 关于侵犯商业秘密的主体，下列说法错误的是（ ）。

A. 侵犯商业秘密的主体包括经营者

B. 侵犯商业秘密的主体包括非经营者

C. 只要实施了市场交易行为均可以构成"经营者"

D. 是否具有营业执照是能否构成侵犯主体的条件

【答案】D

【解析】本题考查侵犯商业秘密行为主体的判断。侵犯商业秘密行为主体是指侵犯商业秘密的行为人，包括经营者和非经营者。《反不正当竞争法》第2条第3款规定，本法所称的经营者，是指从事商品生产、经营或者提供服务（以下所称商品包括服务）的自然人、法人和非法人组织。其中的"从事"应理解为行为标准，而不是身份标准，不应将"经营者"限制解释为以商品经营或营利性服务为业的主体，更不能将主体是否具有营业执照作为能否构成侵犯主体的条件。

7. 下列选项中不属于侵犯商业秘密的行为的是（ ）。

A. 通过胁迫的方式获取他人的商业秘密

B. 通过破译账号秘密的方式获取他人的商业秘密

C. 通过暗中安装监控设备的方式获取他人的商业秘密

D. 通过研究开发方式获得与他人技术秘密相同的技术

【答案】D

【解析】本题考查侵犯商业秘密行为的表现方式。非法获取商业秘密的具体行为包括以盗窃、贿赂、欺诈、胁迫、电子侵入或其他不正当手段获取他人的商业秘密。盗窃、电子侵入是直接非法获取他人商业秘密的方式，通常是指窃取载有或者存储他人商业秘密信息的物质载体或者电子载体。贿赂、欺诈、胁迫等是间接非法获取他人商业秘密的方式。其他不正当手段可以包括雇用商业间谍刺探、暗中安装监控设备等立法难以穷尽的手段。

8. 下列选项中不属于非法披露商业秘密行为的是（　　）。

A. 以破译密码方式获取他人商业秘密，将该商业秘密非法披露给他人

B. 知晓某人通过贿赂的方式获得了他人的商业秘密，将该商业秘密披露给他人

C. 通过合法途径获取他人的商业秘密，将该商业秘密披露给他人

D. 通过自行开发研制的方式获得与他人商业秘密相同的技术信息，将该商业秘密披露给他人

【答案】D

【解析】本题考查非法披露商业秘密的行为。非法披露商业秘密的行为，是指通过合法或者非法手段获得商业秘密后，出于不正当目的，未经授权披露他人商业秘密的行为。非法披露商业秘密的行为具体包括：（1）以盗窃、贿赂、欺诈、胁迫、电子侵入或者其他不正当手段获取他人商业秘密的行为人将该商业秘密非法披露给他人；（2）从合法途径获取商业秘密的行为人，违反保密义务或者违反权利人有关保守商业秘密的要求，将该商业秘密非法披露给他人；（3）第三人明知或者应知其所掌握的商业秘密是不正当手段获取的，仍然将该商业秘密非法披露给他人。

9. 一般来说，商业秘密的管理范围不包括（　　）。

A. 药品配方　　　　　　　　B. 产品制造的工艺流程

C. 公司章程　　　　　　　　D. 公司战略规划

【答案】C

【解析】本题考查商业秘密管理的范畴。一般来说，商业秘密的管理范围包括产品及配方、工艺流程、设计图纸、研发资料、财务信息、战略规划、客户情报等。

10. 一般来说，商业秘密的管理范围不包括（　　）。

A. 企业内部会计报表　　　　B. 产品设计图纸

C. 记载新技术研发活动的会议纪要　D. 新产品申请专利后的工业配方

【答案】D

【解析】本题考查商业秘密管理的范畴。一般来说,商业秘密的管理范围包括产品及配方、工艺流程、设计图纸、研发资料、财务信息、战略规划、客户情报等。新产品在未申请专利或投放市场之前,都可能是商业秘密。有些产品即便进入市场,其中的产品成分和组成方式也可能是商业秘密。

11. 下列选项中不属于商业秘密信息的保密措施是(   )。

   A. 竞业限制协议　　　　　　　　B. 保密规章

   C. 保密协议　　　　　　　　　　D. 门卫制度

【答案】A

【解析】竞业限制协议规定的不是保密义务。

12. 下列选项中不属于侵犯商业秘密行为的法律责任是(   )。

   A. 民事责任　　B. 行政责任　　C. 违约责任　　D. 刑事责任

【答案】C

【解析】本题考查侵犯商业秘密的法律责任。侵犯商业秘密的行为可能承担的法律责任有民事责任、行政责任和刑事责任。

13. 根据我国《反不正当竞争法》第9条第4款规定,商业秘密是指不为公众所知悉、具有商业价值并经权利人采取相应保密措施的技术信息、经营信息等商业信息。下列选项中不属于"不为公众所知悉"的是(   )。

   A. 企业职工在履行工作任务过程中为实施商业秘密而知悉

   B. 企业许可第三方使用商业秘密,并与之订立保密协议

   C. 该信息仅涉及产品的尺寸、结构、材料、部件的简单组合等内容,进入市场后相关公众通过观察产品即可直接获得

   D. 参加成果鉴定被鉴定专家知悉

【答案】C

【解析】本题考查商业秘密的秘密性。商业秘密的"秘密性"是"相对的",不是"绝对的"。所谓"不为公众所知悉",并非指任何人都不知,一定范围的特定人知悉,不影响信息的秘密性。《最高人民法院关于审理不正当竞争民事案件应用法律若干问题的解释》第9条第2款规定,可以认定有关信息不构成不为公众所知

悉的情形,其中包括该信息仅涉及产品的尺寸、结构、材料、部件的简单组合等内容,进入市场后相关公众通过观察产品即可直接获得。

14. 下列信息不符合商业秘密要素中的价值性的要求是(　　)。

A. 尚未投产的新产品的设计方案

B. 企业经过长期交易活动获得的记载了交易习惯信息的重要客户名单

C. 独特的产品配方

D. 企业自己的内幕交易信息

【答案】D

【解析】本题考查商业秘密的构成要件。《最高人民法院关于审理不正当竞争民事案件应用法律若干问题的解释》第10条规定,有关信息具有现实的或者潜在的商业价值,能为权利人带来竞争优势的,应当认定为反不正当竞争法规定的"能为权利人带来经济利益、具有实用性"。选项D虽然能带来竞争优势,但不具备商业价值。

15. 根据我国《反不正当竞争法》第9条第4款规定,商业秘密是指不为公众所知悉、具有商业价值并经权利人采取相应保密措施的技术信息、经营信息等商业信息。下列选项中属于"不为公众所知悉"的是(　　)。

A. 参加成果鉴定被鉴定专家知悉

B. 该信息为其所属技术或者经济领域的人一般常识或行业惯例

C. 该信息已经在公开出版物或其他媒体上公开披露

D. 该信息已通过公开的报告会、展览等方式公开

【答案】A

【解析】本题考查商业秘密的秘密性。《最高人民法院关于审理不正当竞争民事案件应用法律若干问题的解释》第9条第2款规定,可以认定有关信息不构成不为公众所知悉的情形,其中包括:(1)该信息其所属技术或者经济领域的人一般常识或行业惯例;(2)该信息仅涉及产品的尺寸、结构、材料、部件的简单组合等内容,进入市场后相关公众通过观察产品即可直接获得;(3)该信息已经在公开出版物或其他媒体上公开披露;(4)该信息已通过公开的报告会、展览等方式公开;(5)该信息从其他公开渠道可以获得;(6)该信息无须付出一定的代价而容易获得。

（二）多项选择题

1. 关于商业秘密的秘密性，下列说法正确的有（　　）。

   A. 商业秘密的秘密性，又被称为"非公知性"，商业秘密的秘密性是相对的，而不是绝对的

   B. "非公知"是指任何人都不知

   C. 企业职工履行职务过程中为实施商业秘密而熟知，不丧失"非公知性"

   D. 企业许可他人使用商业秘密，并与之订立保密协议，不丧失"非公知性"

   E. 参加成果鉴定被鉴定专家知悉，丧失"非公知性"

【答案】ACD

【解析】本题考查商业秘密的秘密性。商业秘密的秘密性是相对的，而不是绝对的。所谓"非公知"并非指任何人都不知。一定范围的特定人知悉，不影响信息的秘密性。例如，企业职工履行职务过程中为实施商业秘密而熟知，企业许可他人使用商业秘密，并与之订立保密协议，参加成果鉴定被鉴定专家知悉等，均不丧失非公知性。

2. 关于商业秘密的价值性，下列说法正确的有（　　）。

   A. 商业秘密的"价值性"，以权利人"主观上认为有价值"作为参考

   B. 商业秘密的价值性通常由其在实际中的可应用性体现出来

   C. 商业秘密本身凝聚了在实践中付出的投资和辛劳，其付诸实施能够为权利人带来经济利益或取得市场竞争优势

   D. 经济利益，一般是指与商业秘密的获取、使用、披露有关的经济利益，其可以用权利人的经济损失来表现

   E. 商业秘密的价值性可能是现实的，也可能是潜在的，可能是高价值的，也可能是低价值的

【答案】BCDE

【解析】本题考查商业秘密的价值性。价值性，是指该信息具有确定的可应用性，能为权利人带来现实的或者潜在的经济利益或者竞争优势。商业秘密的"价值性"是指信息具有客观的商业价值，但不能以权利人"主观上认为有价值"来确定。商业秘密的价值性通常由其在实际中的可应用性体现出来。商业秘密本身凝聚

了在实践中付出的投资和辛劳,其付诸实施能够为权利人带来经济利益或取得市场竞争优势。经济利益,一般是指与商业秘密的获取、使用、披露有关的经济利益,其可以用权利人的经济损失来表现。商业秘密的价值性可能是现实的,也可能是潜在的,可能是高价值的,也可能是低价值的。

3. 实践中,认定侵犯商业秘密抗辩中的自主研发通常要考虑的因素有（   ）。

A. 证明资助研发开始的时间早于其接触到商业秘密的时间

B. 研发信息所形成的文件资料

C. 研发过程中采取了适当的保密措施

D. 证明资助研发成功的时间早于其接触到商业秘密的时间

E. 研发活动中形成的各类材料,包括会议纪要、试验数据、实验结果

【答案】B D

【解析】本题考查侵犯商业秘密的抗辩。实践中,认定自主研发通常要考虑以下因素:（1）自主研发信息所形成的文件资料,如设计草图、研发资料以及研发人员的证人证言等;（2）证明自主研发成功的时间早于其接触到商业秘密的时间。

4. 下列选项中属于侵犯商业秘密反向工程抗辩中必须符合的要求有（   ）。

A. 取得相关产品或服务付出了合理的对价

B. 通过合法方式取得相关产品或服务

C. 从事反向工程的技术人员与商业秘密权利人之间没有保密义务

D. 从事反向工程的技术人员没有接触过商业秘密

E. 通过技术手段对从公开渠道取得的产品进行拆卸、测绘、分析等而获得该产品的有关技术信息

【答案】B C E

【解析】本题考查侵犯商业秘密的抗辩。反向工程作为一种技术行为,性质上属于中性行为,在法律上既不必然合法,也不必然违法。所以,反向工程是否合法,不在于反向工程行为本身,而在于反向工程是否符合以下两个条件:（1）作为技术还原基础的产品或服务,是通过合法方式取得的,例如,从公开渠道购买获得的相关产品。在法理上,从公开市场购买后,权利人即取得了产品的物权,那么,对自己的物品进行解剖和分析,属于物权人的应有权利。此外,还可以通过其他合法途

径取得,例如,产品所有权的转让和赠与等;(2)从事反向工程的技术人员与商业秘密权利人之间没有订立禁止反向工程的合同。如果反向工程的对象是合法购买的产品,但购买者承担了不进行反向工程的合同义务,这时虽然得到了产品的所有权,但是囿于合同约定,购买者仍然丧失进行反向工程的权利。如果进行反向工程,就违反了合同义务,要承担相应的法律责任。但是,即便反向工程的对象是合法购买取得的产品,并且购买者也没有承担合同义务,此时反向工程也不必然合法。例如,某单位雇用与商业秘密权利人订有保密协议的跳槽人员,让其对公开销售的含有商业秘密的产品进行反向工程,该反向工程行为依然违反了保护商业秘密的法律规定。

5. 关于商业秘密的保密性,下列说法正确的有( )。

A. 保密性,是指权利人采取的与商业秘密信息相适应的合理的保密措施

B. 采取保密措施是信息作为商业秘密获得法律保护的充分条件

C. 保密措施应当是技术信息的合法拥有者根据有关情况采取的合理措施

D. 保密措施至少能够使交易对方知道权利人有对相关信息保密的意图

E. 保密措施至少能够使第三人知道权利人有对相关信息保密的意图

【答案】A C D E

【解析】本题考查商业秘密的保密性。保密性,是指权利人采取的与商业秘密信息相适应的合理的保密措施。采取保密措施是信息作为商业秘密获得法律保护的必要条件。保密措施应当是技术信息的合法拥有者根据有关情况采取的合理措施,保密措施至少能够使交易对方或第三人知道权利人有对相关信息保密的意图。

6. 下列行为不构成侵犯商业秘密的有( )。

A. 从合法途径获得商业秘密使用权

B. 权利人不慎对当事人透露了商业秘密的内容,当事人知悉后使用其商业秘密

C. 监管部门出于工作需要,对企业产品配方等商业秘密进行使用

D. 从第三方购买权利人的商业秘密信息并使用

E. 市场监督管理部门、相关单位以及参与药品注册工作的人员,在药品注册过程中对申请人提交的技术秘密和实验数据等商业秘密进行使用

【答案】A B C E

【解析】本题考查侵犯商业秘密的行为。从第三方购买并不一定是善意取得,

还要去其不能是明知或应知其购买的信息属于商业秘密,故 D 选项错误。

7. 下列选项属于商业秘密的保密措施中采取的技术手段的有（　　）。

A. 设置密码　　　　　　　　B. 监控

C. 订立保密协议　　　　　　D. 制定保密规章

E. 办公区域安全管理

【答案】A B

【解析】本题考查商业秘密的保密性。保密措施通常包括技术手段和制度手段。其中技术手段有设置密码、采取监控等。

8. 下列选项属于商业秘密的保密措施中采取的制度手段的有（　　）。

A. 设置密码　　　　　　　　B. 监控

C. 与第三方订立保密协议　　D. 制定保密规章

E. 制定办公区域安全管理制度

【答案】C D E

【解析】本题考查商业秘密的保密性。保密措施通常包括技术手段和制度手段。其中制度手段有订立保密协议、制定保密规章、制定安全管理制度等。

9. 在商业秘密的保护中,人民法院可以根据（　　）等因素,认定权利人是否采取了保密措施。

A. 根据所涉信息载体的特性

B. 根据权利人保密的意愿

C. 根据保密措施的可识别程度

D. 根据他人通过正当方式获得的难易程度等因素

E. 根据该信息能否为权利人带来现实的或潜在的经济利益或者竞争优势

【答案】A B C D

【解析】本题考查商业秘密的保密性。《最高人民法院关于审理不正当竞争民事案件应用法律若干问题的解释》第 11 条第 1 款规定,权利人为防止信息泄露所采取的与其商业价值等具体情况相适应的合理保护措施,应当认定为反不正当竞争法规定的"保密措施"。人民法院应当根据所涉信息载体的特性、权利人保密的意愿、保密措施的可识别程度、他人通过正当方式获得的难易程度等因素，认定权利人是否采取了保密措施。

10. 关于商业秘密的保护，下列可以认定权利人采取了保密措施的情况有（   ）。

A. 限定涉密信息只对技术研发部门人员告知其内容

B. 对于涉密信息设置访问权限

C. 在涉密信息的文档上加盖"保密"字样

D. 与长久合作非常信任的业务协作方无需再签订保密协议

E. 对涉密信息采用密码

【答案】A B C E

【解析】本题考查商业秘密的保密性。《最高人民法院关于审理不正当竞争民事案件应用法律若干问题的解释》第11条第3款规定，具有下列情形之一，在正常情况下足以防止涉密信息泄露的，应当认定权利人采取了保密措施：（1）限定涉密信息的知悉范围，只对必须知悉的相关人员告知其内容；（2）对于涉密信息载体采取加锁等防范措施；（3）在涉密信息的载体上标有保密标志；（4）对于涉密信息采用密码或代码等；（5）签订保密协议；（6）对于涉密的机器、厂房、车间等场所限制来访者或者提出保密要求；（7）确保信息秘密的其他合理措施。

11. 下列选项中属于技术秘密的有（   ）。

A. 设计图纸（含草图）　　B. 技术资料

C. 客户名单　　　　　　　D. 试验数据

E. 招投标中的表述内容

【答案】A B D

【解析】本题考查商业秘密的保密性。凡是符合秘密性、价值性、保密性3个构成要件的技术信息、经营信息均可构成商业秘密。商业秘密中的技术信息，也被称作技术秘密。技术秘密是指以设计图纸（含草图）、技术资料、试验数据、工业配方、工艺流程、制作方法、技术情报等形式体现的制造某种产品或应用某项工艺的信息。

12. 下列选项中属于经营秘密的有（   ）。

A. 管理诀窍 B. 货源情报

C. 产销策略 D. 工业配方

E. 制作方法

【答案】A B C

【解析】本题考查商业秘密的保密性。商业秘密中的经营信息，也被称作经营秘密，是指以管理诀窍、客户名单、货源情报、产销策略、招投标中的标底及标书内容等形式体现的与采购、经营、销售、投资、分配、人事、财务等相关的非技术类秘密。

13. 通常可以采用的商业秘密的管理模式包括（　　）。

A. 项目式管理 B. 过程式管理

C. 部门式管理 D. 组织式管理

E. 人员式管理

【答案】A B C E

【解析】本题考查商业秘密管理制度的指定。商业秘密权利人应当根据自身的经营管理模式、企业规划、研发重点、市场地位和竞争优势，制定和调整商业秘密管理模式。通常可以采用的商业秘密的管理模式包括项目式管理、过程式管理、部门式管理、人员式管理等。

14. 商业秘密管理的范围包括（　　）。

A. 产品及配方 B. 工艺流程

C. 研发资料 D. 企业组织架构

E. 企业战略规划

【答案】A B C E

【解析】本题考查商业秘密管理的范围。一般而言，商业秘密管理范围包括以下7个方面：产品及配方、工艺流程、设计图纸、研发资料、财务信息、战略规划、客户情报。

15. 下列选项中属于商业秘密管理范围有（　　）。

A. 产品成分 B. 化学配方

C. 药品配方   D. 产品说明书

E. 工业配方

【答案】A B C E

【解析】本题考查商业秘密管理的范围。商业秘密的管理范围包括产品及配方。新产品在尚未申请专利或投放市场之前，都可能是商业秘密；有些产品即便进入市场，其中的产品成分和组成方式也可能是商业秘密。配方包括工业配方、化学配方、药品配方等。

16. 下列选项中属于商业秘密管理范围的有（   ）。

   A. 设计图纸   B. 模具图纸

   C. 设计草图   D. 产品结构图

   E. 试验数据

【答案】A B C E

【解析】本题考查商业秘密管理的范围。产品的设计图纸、模具图纸以及设计草图等，都是重要的商业秘密形式。记载新技术研制开发活动内容的各类材料，包括会议纪要、试验数据、实验结果、技术改进记录、检验方法等，都可能是商业秘密。

17. 下列选项中属于商业秘密管理范围的有（   ）。

   A. 上市公司的会计报表   B. 企业的长期战略

   C. 企业营销计划   D. 客户名单

   E. 供货渠道

【答案】B C D E

【解析】本题考查商业秘密管理的范围。企业内部财务和会计报表，除依法向外披露的，都属于商业秘密范畴。企业的长期战略，内部运作与营销计划等规划性文件，也属于商业秘密。客户名单等情报是商业秘密中重要的经营信息。此外，其他与企业竞争力和市场优势地位有关的商业信息，如管理方式、商业模式、改制上市、并购重组、产权交易、投融资决策、招投标事项、产购销策略、资源储备、供货渠道、销售计划、价格方案、分配方案、计算机软件等，经企业采取保密措施的信息，都应当是商业秘密。

18. 下列选项中属于商业秘密的管理措施中的物理性措施有（　　）。

A. 与技术服务方合作签订保密协议　　B. 重点保密区域的隔离

C. 建立保密规章　　D. 废弃物的规范处理

E. 设置文件密级的划分和标注

【答案】B D

【解析】本题考查商业秘密的管理措施。采取相应的保密措施，是商业秘密的构成要件之一。物理性措施是商业秘密管理的最基本的措施，主要包括：（1）厂区安全管理；（2）重点保密区域（如生产车间、技术室、检测室、研究室、资料室等）的隔离；（3）门卫制度；（4）废弃物的规范处理等。

19. 下列选项中属于商业秘密的管理措施中的规章性措施有（　　）。

A. 门卫制度

B. 建立保密规章制度

C. 对商业秘密的申报、审查与分类进行规范性管理

D. 与业务协作方签订保密协议

E. 将文件设置核心机密及普通机密

【答案】B C

【解析】本题考查商业秘密的管理措施。管理措施中的规章性措施包括：（1）建立保密规章，明确商业秘密管理的范围、主体及责任；（2）对商业秘密的申报、审查与分类进行规范性管理；（3）制定保密义务、责任和处罚措施等，将之写入职工守则，并加强对职工保密意识的教育宣传与培训。

20. 下列选项中属于商业秘密的管理措施中的协议性措施有（　　）。

A. 与公司职工的劳动合同中加入保密条款

B. 制定保密义务、责任和处罚措施等，将之写入职工守则

C. 与业务协作方签订保密协议

D. 厂区安全管理

E. 门卫制度

【答案】A C

【解析】本题考查商业秘密的管理措施。管理措施中的协议性措施，主要是指

与接触商业秘密的相关人员订立保密协议，包括：（1）职工订立保密协议。保密协议既可以是劳动合同中的保密条款，也可以是一份单独的保密协议；（2）与第三方订立保密协议。第三方主要指业务协作方、技术开发合同方、技术服务方、联营合营方等。

21. 下列选项中属于商业秘密的管理措施中的文件管理有（　　）。

A. 资料室的隔离

B. 对商业秘密的申报、审查与分类进行规范性管理

C. 将文件设置核心机密及普通机密

D. 设置文件的权属、密级和保密期限

E. 研究室的隔离

【答案】C D

【解析】本题考查商业秘密的管理措施中的文件管理。商业秘密的文件是指文字、图片、视频等记录商业秘密信息的载体。管理措施中的文件管理主要包括文件密级的划分和标注。例如，根据泄露会使企业经济利益受损害的程度，可以确定为核心商业秘密、普通商业秘密两级，并在设定保密期限后在秘密载体上作出明显标志。标志可由权属（单位规范简称或者标志等）、密级、保密期限3部分组成。此外，商业秘密文件的收发、保管、流转、查阅复制、销毁等也要进行规范化管理。

22. 某项行为是否构成对商业秘密的侵犯，可以从（　　）等方面进行分析判断。

A. 行为主体　　　　　　B. 行为表现

C. 侵犯客体　　　　　　D. 行为人的主观要件

E. 合法性

【答案】A B C D

【解析】本题考查侵犯商业秘密行为的构成要件。某项行为是否构成对商业秘密的侵犯，可以从行为主体、行为表现、侵犯客体和行为人的主观要件等方面进行分析判断。行为主体是市场上的经营者或非经营者，行为表现是指行为人客观上实施了法律规定的商业秘密侵权行为，侵犯客体意味着有关行为给权利人造成了损害，行为人的主观要件是指行为人主观上要有过错。

23. 根据《反不正当竞争法》的相关规定，下列关于侵犯商业秘密行为的法律责任，说法正确的有（　　）。

A. 商业秘密具有财产权的属性，侵犯商业秘密的行为属于民事侵权，因此民事救济是商业秘密的首要保护方式

B. 侵犯商业秘密行为的行政责任形式主要包括赔礼道歉、停止侵权、没收违法所得、拘役、罚款等

C. 依法追究侵犯商业秘密行为人刑事责任的途径是人民检察院对犯罪嫌疑人的犯罪行为向人民法院提起公诉

D. 侵犯商业秘密的行为可能承担的法律责任有民事责任、行政责任和刑事责任

E. 侵犯商业秘密行为的民事责任形式主要包括停止侵害和赔偿损失

【答案】A D E

【解析】本题考查侵犯商业秘密行为的法律责任类型及后果。商业秘密具有财产权的属性，侵犯商业秘密的行为属于民事侵权，因此民事救济是商业秘密的首要保护方式。侵犯商业秘密行为的民事责任形式主要包括停止侵害和赔偿损失。侵犯商业秘密行为的行政责任形式主要包括责令停止侵权、没收违法所得、罚款等。依法追究侵犯商业秘密行为人刑事责任的途径包括公诉和自诉。

（三）案例分析

A公司是经营通信安全的网络公司，A公司的高级技术经理王某在劳动合同未到期时提出辞职，办理完辞职手续，就应聘到了B公司，B公司同样是经营通信安全的网络公司。王某将在A公司就职时的会议纪要、试验数据、测试方法以及产品报价方案和客户资料等信息做了拷贝，带到了B公司。王某进入B公司后，该公司的业绩显著增长，成为A公司的竞争对手。现A公司向人民法院起诉B公司和王某侵犯商业秘密，要求立即停止侵权，并赔偿A公司各项经济损失。

1. 在上述案件中，属于商业秘密的是（　　）。

A. 会议纪要　　　　　　　　B. 试验数据、测试方法

C. 产品报价方案　　　　　　D. 王某的工作经验

【答案】A B C

【解析】本题考查商业秘密的管理范围。商业秘密的管理范围主要包括：产品及配方；工艺流程；设计图纸；研发资料，包括会议纪要、试验数据、实验结果、

技术改进记录、检验方法等;财务信息;战略规划;客户情报,如产品报价方案等。

2. 有关上述案件的表述,下列说法错误的是（   ）。

A. 王某是A公司的高级技术经理,按照《劳动合同法》属于竞业限制的人员范围

B. 会议纪要、试验数据、测试方法以及产品报价方案和客户资料等信息,属于王某在工作中个人积累的,离职后可以自己使用

C. A公司可以与王某签订合同,要求王某离职后在一定期限内不得经营与A公司有竞争关系的同类产品或者经营同类业务

D. 设立竞业限制制度的根本目的,是保护用人单位的商业秘密,而非限制劳动者的择业自由和人才的合理流动

【答案】B

【解析】本题考查保护商业秘密与市场竞争的关系。为了更好地保护商业秘密,用人单位可与职工订立合同,要求其在离职后一定期限内不得在生产同类产品、经营同类业务或者有其他竞争关系的单位任职,也不得自己生产与原单位有竞争关系的同类产品或经营同类业务,这种合同被称为竞业限制合同。竞业限制的人员限于用人单位的高级管理人员、高级技术人员和其他负有保密义务的人员。

3. 关于侵犯商业秘密行为的法律责任,下列说法正确的是（   ）。

A. 侵犯商业秘密的行为属于民事侵权,因此民事救济是商业秘密的首要保护方式

B. 侵犯商业秘密行为的民事责任形式主要包括停止侵害和赔偿损失

C. 对于恶意侵犯商业秘密的行为,可以适用惩罚性赔偿

D. 确定侵犯商业秘密行为的损害赔偿额,应当参照侵犯专利权的损害赔偿额的方法计算

【答案】A B C

【解析】本题考查侵犯商业秘密行为的法律责任。《最高人民法院关于审理不正当竞争民事案件应用法律若干问题的解释》第17条规定,确定侵犯商业秘密行为的损害赔偿额,可以参照确定侵犯专利权的赔偿额的方法进行。因侵犯行为导致商业秘密已为公众所知悉的,应当根据该项商业秘密的商业价值确定损害赔偿额。商

业秘密的商业价值，根据其研究开发成本、实施该项商业秘密的收益、可得利益、可保持竞争优势的时间等因素确定。

4. 法院如果认定 B 公司和王某侵犯 A 公司的商业秘密，下列事实中需要审查的是（　　）。

A. A 公司所称的"商业秘密"是否属于从公开渠道不能获得的

B. B 公司的所有客户资料是否有合法的来源

C. A 公司提出的"商业秘密"是否向国家知识产权局报备过"密级"

D. B 公司在聘用王某时，是否明知或者应知其掌握 A 公司的以上业务信息

【答案】A B D

【解析】本题考查商业秘密的构成要件。《反不正当竞争法》第 9 条规定，商业秘密是指不为公众所知悉、具有商业价值并经权利人采取相应保密措施的技术信息、经营信息等商业信息。商业秘密应当是非公开的，不为公众所知悉的，如果 B 公司的客户资料有合理合法的来源，则不构成侵权。商业秘密不需要报备，不分"密级"。现实中，职工在工作中掌握和积累的知识、经验和技能，除属于单位的商业秘密的情形外，构成其人格的组成部分，职工离职后有自主利用的自由。

第十一章　其他类型的知识产权

一、知识点

集成电路布图设计、植物新品种及遗传资源等。理解集成电路布图设计保护主要内容及概念，熟悉集成电路布图设计专有权的保护条件，掌握集成电路布图设计的申请程序，熟悉集成电路布图设计管理，理解集成电路布图设计法律责任，掌握植物新品种权的内容、归属及限制，熟悉植物新品种权取得、无效与侵权责任，理解育种创新成果的保护与应用，掌握遗传资源的概念、特征与价值，熟悉我国与国际遗传资源保护与利用状况，掌握我国及国际上对传统知识保护与利用状况，熟悉我国与国际上对民间文艺保护制度与利用现状，掌握侵害商号的概念、行为表现及应承担的法律责任。

二、同步练习

（一）单项选择题

1. 关于集成电路布图设计的登记，应向下列（　　）提出申请。

A. 中国版权登记中心　　　　B. 工商管理总局

C. 国家知识产权局　　　　　D. 国家市场监督管理总局

【答案】C

【解析】本题考查集成电路布图设计的登记。国家知识产权局负责集成电路布图设计的登记，《集成电路布图设计审查与执法指南（试行）》规定，集成电路布图设计申请初审主要是对集成电路布图设计申请材料和其他手续的审查。

2. 下列关于植物新品种权的独占权不包括的权利是（ ）。

A. 生产权　　　B. 销售权　　　C. 使用权　　　D. 进口权

【答案】D

【解析】本题考查植物新品种权的内容。《植物新品种保护条例》第 6 条规定，完成育种的单位或者个人对其授权品种，享有排他的独占权。包括生产权、销售权、使用权 3 种权利。

3. 关于植物新品种权的权利归属，下列说法错误的是（ ）。

A. 执行本单位的任务或者主要是利用本单位的物质条件所完成的职务育种，植物新品种的申请权属于该单位
B. 非职务育种，植物新品种的申请权属于完成育种的个人
C. 委托育种的权利归属，合同没有约定的，权利归委托育种的单位或个人
D. 合作育种的权利归属，合同没有约定的，权利归共同完成育种的单位或者个人

【答案】C

【解析】本题考查职务育种和非职务育种的权利归属。所谓职务育种，是指职工执行本单位工作任务的育种行为，或者主要是职工利用本单位的物质条件所完成的育种行为。《植物新品种保护条例》第 7 条第 1 款规定，执行本单位的任务或者主要是利用本单位的物质条件所完成的职务育种，植物新品种的申请权属于该单位；非职务育种，植物新品种的申请权属于完成育种的个人。申请被批准后，品种权属于申请人。第 7 条第 2 款规定，委托育种或者合作育种，品种权的归属由当事人在合同中约定；没有合同约定的，品种权属于受委托完成或者共同完成育种的单位或个人。

4. 下列选项中不属于布图设计权的属性是（ ）。

A. 有形性　　　B. 专有性　　　C. 地域性　　　D. 可复制性

【答案】A

【解析】布图设计权具有无形性，布图设计为生产集成电路而产生。

5. 关于集成电路布图设计保护条件，下列选项中正确的是（ ）。

A. 集成电路布图设计具有不可复制性

B. 如果集成电路布图设计是由常规设计组成，即使其组合作为整体具有独创性，也不应受保护

C. 集成电路布图设计专有权保护不受地域限制

D. 受保护的集成电路布图设计应当具有独创性

【答案】D

【解析】本题考查集成电路布图设计的基础知识。集成电路和集成电路布图设计应符合《集成电路布图设计保护条例》规定的定义。集成电路布图设计被保护首先应符合下列定义：集成电路，是指半导体集成电路，即以半导体材料为基片，将至少有一个是有源元件的两个以上元件和部分或者全部互连线路集成在基片之中或者基片之上，以执行某种电子功能的中间产品或者最终产品。集成电路布图设计应具备独创性，如果受保护的由常规设计组成的集成电路布图设计，其组合作为整体也应当具有独创性。集成电路布图设计专有权保护的客体不延及集成电路的设计思想、概念等。

6. 下列对布图设计专有权的转移和运用管理的描述中不准确的是（　　）。

A. 重大专项产生的布图设计专有权，应当首先在境内实施

B. 布图设计专有权转让、许可出现特殊情形的，应当报牵头组织单位审批

C. 许可他人实施的，一般应当采取独占许可的方式

D. 向境外组织或个人转让或许可的，经批准后，还应依照《技术进出口管理条例》执行

【答案】C

【解析】本题考查集成电路布图设计基础知识。转让、许可是集成电路布图设计专有权的主要利用方式。集成电路布图设计专有权许可，是指集成电路布图设计权人与被许可人之间，通过签订实施许可合同的方式，允许被许可人在约定期限、约定范围内，按照约定方式实施其集成电路布图设计复制权或商业利用权。许可的方式并非只有独占许可。

7. 关于植物新品种权的合理使用，下列说法错误的是（　　）。

A. 利用授权品种进行育种及其他科研活动，可以不经品种权人许可使用授权品

种，但需支付使用费

B. 农民自繁自用授权品种的繁殖材料，可以不经品种权人许可使用授权品种，并不向其支付使用费

C. 利用授权品种进行育种及其他科研活动，不得侵犯品种权人享有的其他权利

D. 农民自繁自用授权品种的繁殖材料，不得侵犯品种权人享有的其他权利

【答案】A

【解析】本题考查植物新品种权的合理使用。植物新品种权的合理使用，是指利用授权品种进行育种及其他科研活动或者农民自繁自用授权品种的繁殖材料，可以不经品种权人许可使用授权品种，并不向其支付使用费。利用授权品种进行育种及其他科研活动，农民自繁自用授权品种的繁殖材料，不得侵犯品种权人享有的其他权利。

8. 根据集成电路布图设计保护条例及相关规定，下列说法不正确的是（　　）。

A. 受保护的集成电路布图设计应当具有独创性

B. 集成电路布图设计专有权经国务院知识产权行政部门登记产生

C. 对集成电路布图设计的保护不延及思想、处理过程、操作方法或者数学概念等

D. 集成电路布图设计专有权的保护期为 15 年

【答案】D

【解析】本题考查集成电路布图设计基础知识。集成电路布图设计专有权的保护期为 10 年。布图设计自创作之日起超过 15 年予以撤销。

9. 植物新品种取得的实质性条件是（　　）。

A. 新颖性、特异性、一致性、固定性、适当的名称

B. 新颖性、适用性、一致性、固定性、适当的名称

C. 新颖性、特异性、一致性、稳定性、适当的名称

D. 新颖性、特异性、实用性、稳定性、适当的名称

【答案】C

【解析】本题考查植物新品种权取得的实质性条件。《植物新品种保护条例》规定了植物新品种权取得的实质性条件，即授予品种权的植物新品种应当具备新颖性、

特异性、一致性、稳定性、适当的名称。

10. 关于遗传资源，下列说法错误的是（　　）。

A. 遗传资源包含遗传功能单位

B. 遗传资源具有实际或者潜在的价值

C. 遗传资源具有再生性

D. 遗传资源具有复合性

【答案】C

【解析】本题考查遗传资源的概念和特征。《专利法实施细则》第26条借鉴了《生物多样性公约》关于"遗传资源"的定义，规定了专利法所称遗传资源，是指取自人体、动物、植物或者微生物等含有遗传功能单位并具有实际或者潜在价值的材料。根据定义，遗传资源包含两个重要因素：一是遗传功能单位，任何能在生物间进行传递的遗传信息的载体可以被描述为"遗传功能单位"；二是具有实际或者潜在的价值。遗传资源具有复合性、分布不均衡性、不可再生性。

11. 关于传统知识，下列表述错误的是（　　）。

A. 依据世界知识产权组织关于传统知识的定义，传统知识可以划分为三类，即民间文学艺术表达、传统科技知识、传统标记

B. 广义上的传统知识几乎涵盖了所有的知识产权对象，但是需要加以"基于传统"的限制；狭义的传统知识一般仅指基于传统的技术类知识

C. 世界知识产权组织是目前对传统知识保护与利用进行探索的最主要的国际组织

D. 传统知识一般是某一社群在共同生产实践中发展与积累的，需满足"独创性""新颖性"与"显著性"等要求

【答案】D

【解析】本题考查传统知识。由于传统知识一般是某一社群在共同生产实践中发展与积累的，一般很难满足"独创性""新颖性"与"显著性"等要求。例如，技术类的传统知识就很难获得专利法的保护，知识产权的私权性与传统知识的社会性也很难兼容。

12. 根据植物新品种保护条例及相关规定，下列关于品种权的保护期限的说法正确的是（　　）。

    A. 林木的品种权保护期限为 20 年，自申请之日起算

    B. 藤本植物的品种权保护期限为 15 年，自申请之日起算

    C. 林木的品种权保护期限为 20 年，自授权之日起算

    D. 藤本植物的品种权保护期限为 15 年，自授权之日起算

【答案】C

【解析】本题考查植物新品种的相关知识。《植物新品种保护条例》第 34 条规定，品种权的保护期限，自授权之日起，藤本植物、林木、果树和观赏树木为 20 年，其他植物为 15 年。

13. 关于民间文艺，下列表述错误的是（　　）。

    A. 我国目前没有关于民间文艺的统一立法

    B. 民间文艺的国际保护与利用问题最早由发展中国家提出

    C. 我国民间文艺包括的类型有：以言语或者文字形式表达的作品，以音乐形式表达的作品，以动作、姿势、表情等形式表达的作品，以及以平面或者立体形式表达的作品

    D. 有关民间文艺保护的统一的国际保护文件是《伯尔尼公约》

【答案】D

【解析】本题考查民间文艺。关于民间文艺，发展中国家的主张引起了国际社会的关注，并初步达成了一些有关民间文艺保护的共识，但是有关民间文艺保护的统一的国际保护文件尚未形成。《伯尔尼公约》中并没有出现"民间文艺"一词，也没有关于民间文艺保护的直接规定，而是在"匿名作品"的保护之下对民间文艺进行间接保护。

14. 下面选项中属于植物新品种的独占权是（　　）。

    A. 销售权　　　B. 标记权　　　C. 追偿权　　　D. 许可权

【答案】A

【解析】许可权、标记权、追偿权是植物新品种的衍生权，销售权是植物新品种的独占权。

15. 下面列举的特征不属于遗传资源的是（ ）。

A. 复合性　　　　　　　　B. 分布不均衡性

C. 价值性　　　　　　　　D. 不可再生性

【答案】C

【解析】本题考查遗传资源的相关知识。具有实际或潜在的价值，是遗传资源的重要要素，不是遗传资源的特征。

（二）多项选择题

1. 关于集成电路布图设计保护，下列说法正确的有（ ）。

A. 集成电路布图设计专有权中的复制权与著作权的复制权相似

B. 集成电路布图设计权中的独创性与著作权的独创性相似

C. 集成电路布图设计权中的独创性与专利的创造性有差异

D. 集成电路布图设计专有权具有无形性、专有性、地域性、时间性和可复制性

E. 集成电路布图设计属于知识产权保护的客体

【答案】C D E

【解析】本题考查集成电路布图设计保护的性质。集成电路布图设计属于知识产权保护的客体，集成电路布图设计专有权具有无形性、专有性、地域性、时间性和可复制性。集成电路布图设计专有权中的复制权与著作权的复制权有差异。集成电路布图设计权是通过光学、电子学或其他方式复制，强调的是重复制作，类似于实施行为。集成电路布图设计权中的独创性与著作权的独创性、专利的创造性有差异。集成电路布图设计权中的独创性要求作者独立形成的智力成果，并且不是公认的常规设计，要考虑集成电路布图设计在行业中的客观水平或先进性；著作权法的独创性是作者独立创作的智力成果，这种创作的智力成果水平不一定要求很高；专利的创造性要求技术方案至少要有实质性特点和进步。显然，集成电路布图设计的创造性水平比著作权的独创性高，比专利创造性水平低。

2. 下列选项中不属于集成电路布图设计保护的情形是（ ）。

A. 制作半导体集成电路而设计的三维配置

B. 制作半导体集成电路的构想

C. 制作半导体集成电路的处理过程

D. 制作半导体集成电路的操作方法

E. 制作半导体集成电路的数学概念

【答案】B C D E

【解析】本题考查判断不受保护的集成电路布图设计的情形。《集成电路布图设计保护条例》第5条规定，本条例对布图设计的保护，不延及思想、处理过程、操作方法或者数学概念等。

3. 关于集成电路布图设计专有权的使用管理，下列说法错误的有（　　）。

A. 转让集成电路布图设计专有权的，无须向国务院知识产权行政部门登记

B. 属于集成电路布图设计专有权合理使用的，也需经集成电路布图设计权利人许可，并向其支付报酬

C. 集成电路布图设计专有权的转让自合同订立之日起生效

D. 为个人目的而复制受保护的集成电路布图设计的，不视为侵权

E. 取得使用集成电路布图设计非自愿许可的自然人可以向集成电路布图设计权利人支付合理的报酬

【答案】A B C E

【解析】本题考查集成电路布图设计管理。加强转让许可管理，（1）要订立书面合同。《集成电路布图设计保护条例》第22条规定，转让集成电路布图设计专有权的、许可他人使用其集成电路布图设计的，当事人应当订立书面合同。（2）要按照要求去登记。转让集成电路布图设计专有权的向国务院知识产权行政部门登记，由国务院知识产权行政部门予以公告。集成电路布图设计专有权的转让自登记之日起生效。（3）要维护合同的有效。集成电路布图设计专有权利人，要实时监测集成电路布图设计专有权是否属于为个人目的或者单纯为评价、分析、研究、教学等目的而复制受保护的集成电路布图设计的行为，如果属于，可以不经集成电路布图设计权利人许可，不向其支付报酬，否则视为侵权。

4. 根据《集成电路布图设计保护条例》及相关规定，下列说法正确的有（　　）。

A. 受保护的集成电路布图设计应当是创作者自己的智力劳动成果，并且在其创作时该布图设计在布图设计创作者和集成电路制造者中不是公认的常规设计

B. 受保护的集成电路布图设计应当富有美感

C. 对集成电路布图设计的保护不延及思想、处理过程、操作方法或者数学概念等

D. 集成电路布图设计专有权自创作完成之日起产生

E. 集成电路布图设计专有权保护期限是 15 年

【答案】A C

【解析】《集成电路布图设计保护条例》第 4 条规定，受保护的布图设计应当具有独创性，即该布图设计是创作者自己的智力劳动成果，并且在其创作时该布图设计在布图设计创作者和集成电路制造者中不是公认的常规设计。第 5 条规定，对集成电路布图设计的保护不延及思想、处理过程、操作方法或者数学概念。第 8 条规定，布图设计专有权经国务院知识产权行政部门登记产生。未经登记的布图设计不受本条例保护。第 12 条规定，布图设计专有权的保护期为 10 年，自布图设计登记申请之日或者在世界任何地方首次投入商业利用之日起计算，以较前日期为准。但是，无论是否登记或者投入商业利用，布图设计自创作完成之日起 15 年后，不再受本条例保护。选项 B 中的美感与布图设计保护无关。

5. 根据《集成电路布图设计保护条例》第 16 条规定，集成电路申请布图设计登记应提交的材料有（   ）。

　　A. 集成电路布图设计登记申请表

　　B. 集成电路布图设计的复制件或者图样

　　C. 集成电路布图设计已投入商业利用的，提交含有该布图设计的集成电路样品

　　D. 集成电路布图设计说明书

　　E. 集成电路布图设计权利要求书

【答案】A B C

【解析】本题考查集成电路布图设计的登记。《集成电路布图设计保护条例》第 16 条规定，集成电路申请布图设计登记应提交集成电路布图设计登记申请表；集成电路布图设计的复制件或者图样；集成电路布图设计已投入商业利用的，提交含有该布图设计的集成电路样品；以及国家知识产权局规定的其他材料。

6. 下列选项中属于集成电路应当予以撤销的情形包括（   ）。

　　A. 外国人创作的集成电路布图设计没有首先在中国境内投入商业利用的

B. 申请保护的集成电路布图设计不具有独创性的

C. 对集成电路布图设计的保护延及思想、处理过程、操作方法或者数学概念的

D. 集成电路布图设计自创作完成之日起超过15年的

E. 由常规设计组成的集成电路布图设计，其组合作为整体有独创性

【答案】A B C D

【解析】本题考查集成电路布图设计的撤销。《集成电路布图设计保护条例》第20条规定，应当予以撤销的情形主要有以下5种：（1）不符合《集成电路布图设计保护条例》规定集成电路和集成电路布图设计用语定义的；（2）外国人创作的集成电路布图设计没有首先在中国境内投入商业利用的；外国人创作的集成电路布图设计，其创作者所属国没有同中国签订有关集成电路布图设计保护协议，或者没有与中国共同参加有关集成电路布图设计保护国际条约的；（3）申请保护的集成电路布图设计不具有独创性的；（4）对集成电路布图设计的保护延及思想、处理过程、操作方法或者数学概念等的；（5）集成电路布图设计自创作完成之日起超过15年的。

7. 关于植物新品种权的独占权，下列说法正确的有（　　）。

A. 任何单位或者个人未经品种权所有人许可，不得为商业目的生产或者销售该授权品种的繁殖材料

B. 任何单位或者个人未经品种权所有人许可，不得为商业目的将该授权品种的繁殖材料重复使用于生产另一种品种的繁殖材料

C. 审批机关为了公共利益生产繁殖材料，可以不经植物新品种权人许可，但需支付许可费用

D. 农民自繁自用授权品种的繁殖材料，可以不经植物新品种权人许可，也无需支付许可费用

E. 利用授权品种进行育种及其他科研活动，可以不经植物新品种权人许可，也无需支付许可费用

【答案】A B C

【解析】本题考查植物新品种权的内容、归属和限制。《植物新品种保护条例》第6条规定，完成育种的单位或者个人对其授权品种，享有排他的独占权。任何单位或者个人未经品种权所有人（以下简称品种权人）许可，不得为商业目的生产或者销售该授权品种的繁殖材料，不得为商业目的将该授权品种的繁殖材料重复使用

于生产另一种品种的繁殖材料；但是，本条例另有规定的除外。第10条规定，在下列情况下使用授权品种的，可以不经品种权人许可，不向其支付使用费，但是不得侵犯品种权人依照本条例享有的其他权利：（1）利用授权品种进行育种及其他科研活动；（2）农民自繁自用授权品种的繁殖材料。第11条规定，为了国家利益或者公共利益，审批机关可以作出实施植物新品种强制许可的决定，并予以登记和公告。取得实施强制许可的单位或者个人应当付给品种权人合理的使用费，其数额由双方商定；双方不能达成协议的，由审批机关裁决。品种权人对强制许可决定或者强制许可使用费的裁决不服的，可以自收到通知之日起3个月内向人民法院提起诉讼。

8. 下列选项中关于植物新品种测试的特性有（　　）。

A. 新颖性　　　　　　　B. 实用性

C. 一致性　　　　　　　D. 特异性

E. 稳定性

【答案】CDE

【解析】本题考查植物新品种的测试。《植物新品种保护条例》第29条规定，申请人按照规定缴纳审查费后，审批机关对品种权申请的特异性、一致性和稳定性进行实质审查。特异性是指申请品种权的植物新品种应当明显区别于在递交申请以前的植物品种。一致性是指申请品种权的植物新品种经过繁殖，除可以预见的变异外，其相关的特征或者特性一致。稳定性是指申请品种权的植物新品种经过反复繁殖后或者在特定繁殖周期结束时，其相关的特征或者特性保持不变。

（三）案例分析

2018年2月，风行者公司创作完成某项集成电路布图设计。2019年3月，风行者公司将此集成电路布图设计首次投入商业利用。2019年4月，风行者公司向有关部门提出该集成电路布图设计的保护申请，并于2019年9月24日获取此集成电路布图设计的《登记证书》。2019年12月，风行者公司将其拥有的集成电路布图设计专有权依法转让给悦动公司。2020年1月，悦动公司发现MG公司公开销售的型号为TD3636的LED驱动芯片的集成电路与其已获转让的布图设计所包含的功能模块相同，且所能实现的功能也相同。于是，悦动公司将MG公司诉至人民法院，请求MG公司赔偿100万元人民币。在庭审过程中，MG公司辩解称，他们是从公开渠道取得的受保护的集成电路布图设计,通过技术手段对此集成电路布图设计进行评价、分析,从而获得该产品的有关技术信息,并在此基础上创作出具有独创性的集成电路布图设计,但未提供任何证据予以证明。

1. 2019年4月,风行者公司向有关部门提出集成电路布图设计的保护申请,下列选项中属于登记申请应提交的材料的是(　　)。

A. 集成电路布图设计创作之初的构思描述

B. 含有该集成电路布图设计的集成电路样品

C. 集成电路布图设计的复制件或者图样

D. 集成电路布图设计登记申请表

【答案】B C D

【解析】《集成电路布图设计保护条例》第16条规定,申请集成电路布图设计登记,应提交集成电路布图设计登记申请表;集成电路布图设计的复制件或者图样;集成电路布图设计已投入商业利用的,提交含有该布图设计的集成电路样品;国家知识产权局规定的其他材料。

2. 2019年12月,风行者公司将其集成电路布图设计专有权依法转让给悦动公司,当事人应向(　　)申请办理著录项目变更手续。

A. 知识产权出版社　　　　　　B. 中国版权登记中心

C. 国家版权局　　　　　　　　D. 国家知识产权局

【答案】D

【解析】集成电路布图设计权发生转移的,当事人应当凭有关证明文件或者法律文书向国家知识产权局办理著录项目变更手续。

3. 关于上述案例中MG公司是否构成侵权,下列选项错误的是(　　)。

A. 构成侵权,MG公司的行为属于未经许可复制受保护的集成电路布图设计中具有独创性部分的行为

B. 构成侵权,MG公司的行为不属于善意免责

C. 不构成侵权,MG公司的行为属于反向工程

D. 不构成侵权,因为悦动公司已经权利穷竭

【答案】C D

【解析】MG 公司的行为属于未经许可复制受保护的集成电路布图设计中具有独创性部分的行为。因 MG 公司不能提供证据予以有力证明，所以其行为不属于善意免责、反向工程、权利穷竭的情形。

4. 关于悦动公司起诉 MG 公司的侵权纠纷案，下列选项正确的是（　　）。

A. 悦动公司在提起诉讼前，不可以与 MG 公司协商解决

B. 悦动公司在提起诉讼前，可以请求国务院知识产权行政部门处理

C. 若悦动公司与 MG 公司协商解决不成，可以请求所在地省级知识产权行政管理部门处理

D. 仅当悦动公司与 MG 公司协商解决不成时，其才可向人民法院提起诉讼

【答案】B

【解析】《集成电路布图设计保护条例》第 31 条规定，未经集成电路布图设计权利人许可，使用其集成电图设计，即侵犯其集成电路布图设计专有权，引起纠纷的，由当事人协商解决；不愿协商或者协商不成的，集成电路布图设计权利人或者利害关系人可以向人民法院起诉，也可以请求国务院知识产权行政部门处理。

5. 在起诉前，悦动公司已有证据证明 MG 公司正在实施侵犯其专有权的行为，且如不及时制止将会使其合法权益受到难以弥补的损害，悦动公司可以依法向人民法院申请采取的保护措施是（　　）。

A. 没收侵权产品　　　　　B. 查封侵权产品

C. 责令停止有关行为　　　D. 财产保全

【答案】C D

【解析】《集成电路布图设计保护条例》第 32 条规定，集成电路布图设计权利人或者利害关系人有证据证明他人正在实施或者即将实施侵犯其专有权的行为，如不及时制止将会使其合法权益受到难以弥补的损害的，可以在起诉前依法向人民法院申请采取责令停止有关行为和财产保全的措施。